Anna Kistler/Stefanie Schneider

Rechnen ohne Stolperstein

Band 5B

Zahlenraum bis 1000
+/– mit Übergängen
Malnehmen und Teilen

Arbeitsheft / Fördermaterial

Cornelsen

Redaktion: Sabine Müthing
Illustration: Anja Lindemann, Potsdam
Umschlaggestaltung: Corinna Babylon, Berlin
Umschlagillustration: Kristina Klotz, München
Technische Umsetzung: LemmeDESIGN

www.cornelsen.de

3. Auflage, 3. Druck 2023

Druck: H. Heenemann, Berlin

ISBN 978-3-589-15399-2

PEFC
PEFC/04-31-1156

PEFC zertifiziert
Dieses Produkt stammt aus nachhaltig bewirtschafteten Wäldern und kontrollierten Quellen.

www.pefc.de

Inhaltsverzeichnis

Vorbemerkungen

In den Bänden 5A und 5B von „Rechnen ohne Stolperstein“ wird die Arbeit mit **Formzahlbildern** im Zahlenraum bis 1000 fortgesetzt. Die Mengenbilder können in eine Zweieranordnung übertragen werden, sodass auch größere Mengen auf einprägsame und klar strukturierte Weise dargestellt werden.

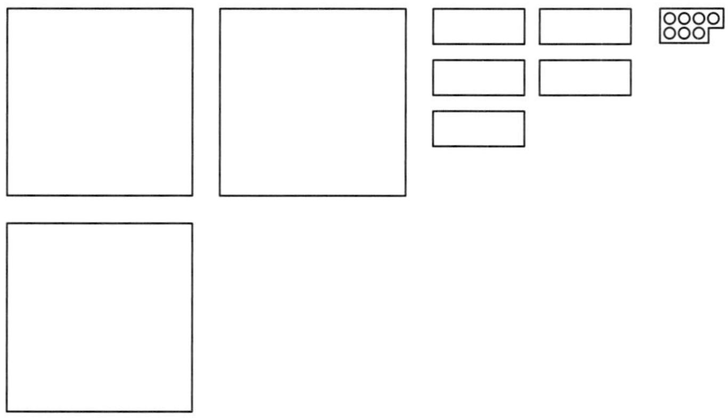

Neue inhaltliche Erkenntnisse werden durch diese **anschauliche Darstellung** unterstützt und für manche Kinder erst möglich gemacht. Es soll vermieden werden, dass sich die Kinder mangels Verständnis falsche oder sehr ungünstige Erklärungsmodelle* zurechtlegen.

Oberstes Ziel der Hefte ist, Kindern ein **selbstgesteuertes** und individuelles Arbeiten zu ermöglichen. Durch den klar strukturierten Aufbau und die langsam ansteigende **Komplexität** werden die Kinder in die Lage versetzt, sich mit Gesetzmäßigkeiten auseinanderzusetzen und ihre mathematischen Kompetenzen zu erweitern.
Auch der Einsatz von Übungsformen ist diesem Ziel angepasst. Der Fokus liegt auf mathematischen Inhalten sowie einem **ausreichenden Übungsangebot,** nicht auf der Variation von Übungsformen.

Inhaltlich haben wir bewusst auf das halbschriftliche Rechnen verzichtet, da das vollständig schriftliche Verfahren für rechenschwache Kinder leichter zu bewältigen und praxisorientierter ist. Viel Wert wurde auf das Runden, Schätzen und Überschlagen gelegt, da diese Techniken im alltäglichen Leben schnell weiterhelfen und daher oft sehr nützlich sind.

Die Verwendung von **Bildern bzw. Symbolen als Anker** für besondere Inhalte erwies sich in der praktischen Arbeit als sehr hilfreich, wir haben sie im neuen Band fortgeführt. Besonders verwiesen sei auf die Zwerge als Verweis auf „die kleine Aufgabe“ (S. 27, Band 5A), der Denkblase bei Zehnerüberschreitungen im Rahmen der schriftlichen Addition (S. 8, Band 5B) oder den Notizblock bei Zehnerüberschreitungen im Rahmen der schriftlichen Subtraktion (S. 20, Band 5B). Auch die Hand, die bei Mal- und Geteilt-Aufgaben durch 10 bzw. 100 schiebt und zieht, dient diesem Zweck (S. 44 bzw. 51, Band 5B).

---

* Ein Schüler löste die Aufgabe 9+6 beispielsweise in folgenden drei Schritten:
9+9=18 (Verdoppelung), 9–6=3, 18–3=15

Im neuen bayerischen Lehrplan Plus wird eine neue Notation beim schriftlichen Subtrahieren mit Übertrag gefordert. Wir haben deshalb die Darstellung entsprechend geändert. Die Kästchenreihe mit dem Notizblock über dem Minuenden in den Zahlen notiert werden, entfällt. Die Reihe mit freien Kästchen und dem Notizblock als Symbol erscheint nun zwischen Minuend und Subtrahend. Dort sollen nur noch Striche für die Entbündelung von Zehnern oder Hundertern gesetzt werden. Beispiel S. 20 Band 5B.

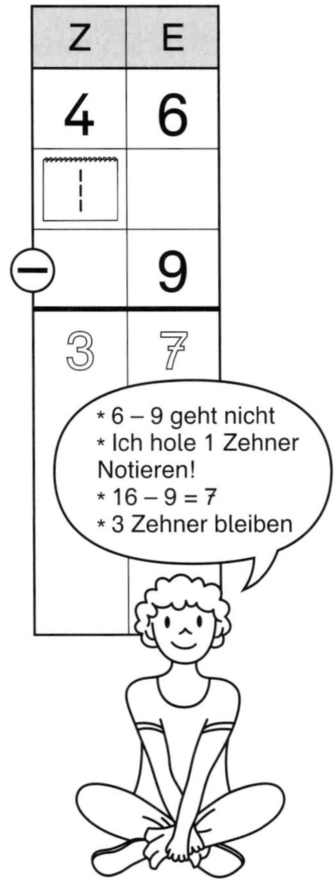

Mal- und Geteilt-Aufgaben in Band 5B

Im schulischen Kontext fiel uns immer wieder auf, dass Kinder das Stellenwertsystem nicht wirklich verstanden haben. Besonders auffällig wird dies bei den scheinbar einfachen Rechnungen wie mal 10 bzw. 100 oder geteilt durch 10 bzw. 100. Willkürlich werden Nullen weggestrichen oder dazugeschrieben. Das **Markenspiel** von Maria Montessori in Verbindung mit dem **Stellenwertsystem** schien uns eine gute Möglichkeit, den Kindern den Zugang zu Mal- und Geteilt-Aufgaben zu veranschaulichen und zu erleichtern. Wir haben es deshalb zur Darstellung herangezogen.

Hinweise zum Umgang mit den Rechenplättchen

Zu „Rechnen ohne Stolperstein“ gibt es strukturiertes Rechenmaterial („Rechenplättchen“), das die Kinder beim Lernen unterstützt. Die Einer werden hier durch blaue Punkte, die Zehner durch rote, längliche Rechtecke und die Hunderter als grüne Quadrate dargestellt.
Die Bände 5A und 5B enthalten für den Zahlenraum bis 1000 jeweils einen Bogen strukturiertes Rechenmaterial. Die oben beschriebenen Darstellungsformen werden hier weitergeführt.

Da die Mengen bis 1000 zu groß sind für die Verwendung des bisherigen Rechenmaterials, wurden die Mengendarstellungen hier verkleinert.* Einer- und Zehnermengen sind in einem gepunkteten Hunderterrahmen bereits in der Zweieranordnung dargestellt. Der Tausender-Würfel kann auch mit den beigefügten Plättchen hergestellt werden, wenn die grüne Seite der Hunderter auf grünen Moosgummi geklebt wird.

Mit den Hunderterplättchen kann einzeln gehandelt werden, die Zweieranordnung wird hier selbst hergestellt. Auf der Rückseite der Zehner- und Hunderterplättchen findet sich eine visuelle Hilfe für die Übergänge von Einern zu Zehnern und Zehnern zu Hundertern:

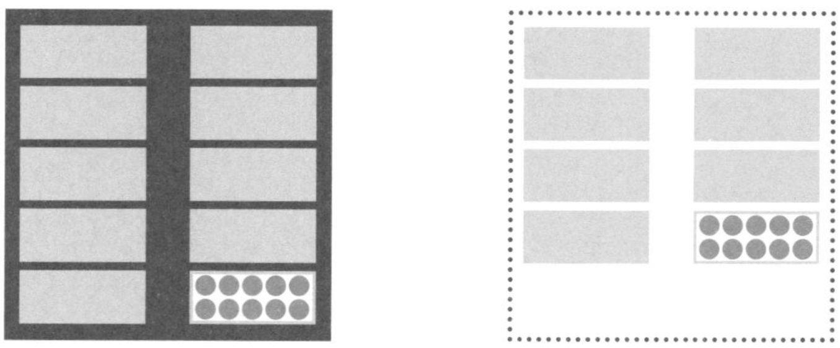

Gelegt wird mit den Plättchen analog zu den Mengendarstellungen in den Bänden, z. B. die Zahl 671 in Band 5 A, Seite 12:

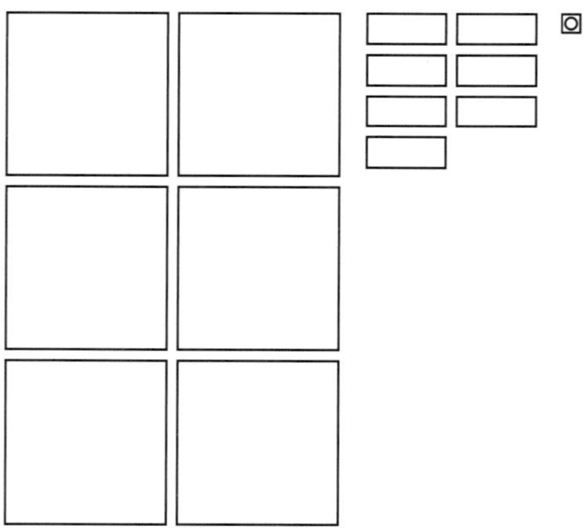

---

* Im Klassenunterricht bietet es sich an, bei neuen Inhalten auf die Rechenkisten zurückzugreifen. Zehn Hunderterkisten stellen aufeinandergestapelt in einem blauen, quadratischen Karton den Tausender-Würfel anschaulich dar.

FREIZEITPARK

1000

Wiederholung ZÜ⊕E

7 + 5 =

9 + 3 =	8 + 5 =	9 + 6 =
7 + 5 =	7 + 6 =	8 + 8 =
8 + 6 =	9 + 7 =	7 + 8 =
6 + 8 =	6 + 7 =	6 + 5 =

Die kleine Aufgabe hilft dir!

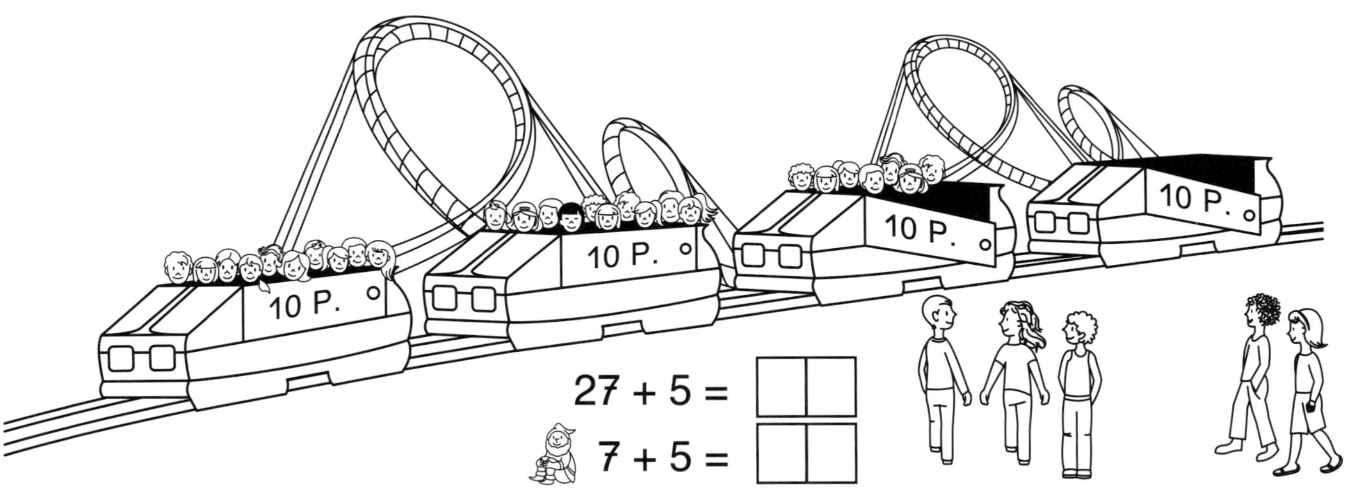

27 + 5 =

7 + 5 =

Vergleiche mit der kleinen Aufgabe!

29 + 3 =	58 + 5 =	89 + 6 =
47 + 5 =	47 + 6 =	48 + 8 =
88 + 6 =	29 + 7 =	57 + 8 =
36 + 8 =	76 + 7 =	36 + 5 =

Rechne untereinander! Achtung: Ein Zehner wird voll!

1000

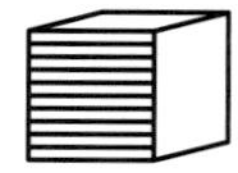

Ü HZE ⊕ E*

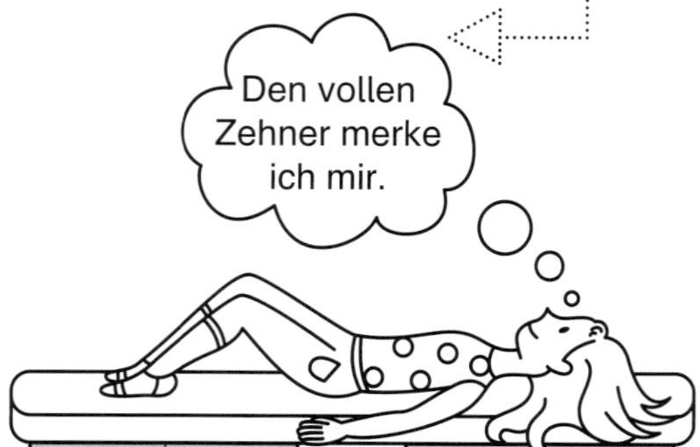

	Z	E
	2	6
		6
⊕		

	Z	E
⊕		

	Z	E
⊕		

	Z	E
⊕		

	Z	E
⊕		

Das geht auch bis 1000.

	H	Z	E
⊕			

	H	Z	E
⊕			

	H	Z	E
⊕			

	H	Z	E
⊕			

978-3-589-15399-2 | Kistler/Schneider: Rechnen ohne Stolperstein, Band 5B. Illustrationen: Anja Lindemann

* Ü nur vom E zum Z

Rechne untereinander! Achtung: Ein Hunderter wird voll!

1000

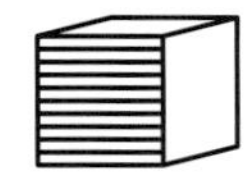

Ü

HZE
⊕ ZE*

	H	Z	E
	3	8	4
		7	1
⊕			

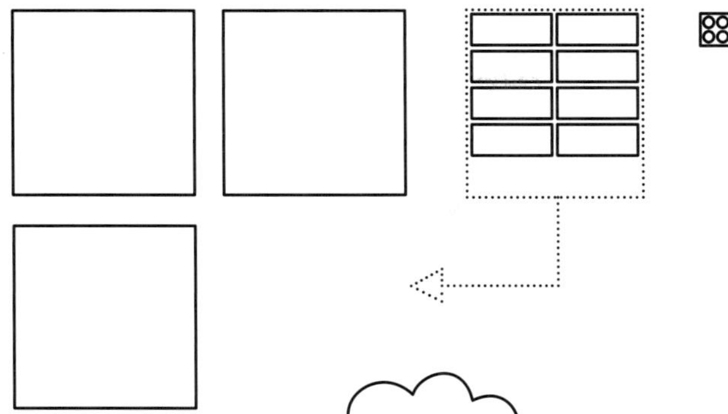

	H	Z	E
⊕			

	H	Z	E
⊕			

	H	Z	E	
	4	9	4	
		4	2	
⊕				

978-3-589-15399-2 | Kistler/Schneider: Rechnen ohne Stolperstein, Band 5B. Illustrationen: Anja Lindemann

* Ü nur vom Z zum H

Was wird voll: Hunderter oder Zehner?

	H	Z	E
	6	4	8
	1	2	3
⊕			

	H	Z	E
⊕			

	H	Z	E
⊕			

	H	Z	E
⊕			

	H	Z	E
⊕			

	H	Z	E
⊕			

	H	Z	E
⊕			

1000

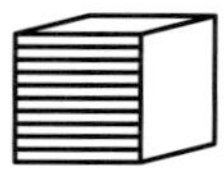

Ü

HZE
⊕ HZE*

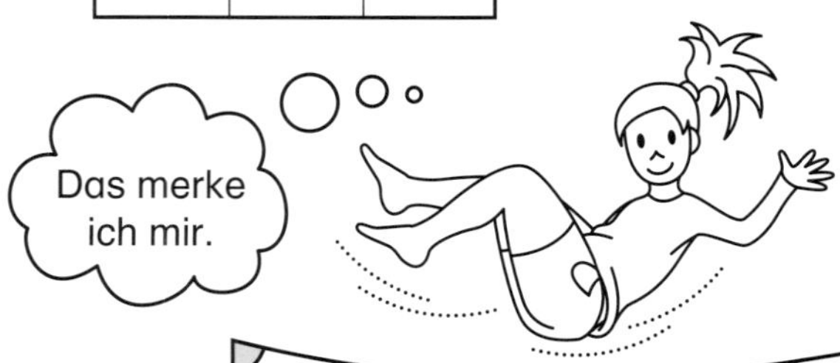

648 + 123
392 + 436
777 + 7
512 + 59
141 + 273
820 + 92
263 + 412

Sackhüpfen: Über Zehner oder Hunderter?

134 + 692 354 + 529 470 + 473 238 + 427

916 + 8 651 + 271 424 + 48 533 + 144

	H	Z	E
⊕			

	H	Z	E
⊕			

	H	Z	E
⊕			

	H	Z	E
⊕			

	H	Z	E
⊕			

	H	Z	E
⊕			

	H	Z	E
⊕			

	H	Z	E
⊕			

978-3-589-15399-2 | Kistler/Schneider: Rechnen ohne Stolperstein, Band 5B. Illustrationen: Anja Lindemann

* Ü vom Z zum H oder vom E zum Z

Achtung: Zehner und Hunderter werden voll!

1000

Ü HZE
⊕ ZE*

397 + 25
397 + 48
397 + 99

H	Z	E
3	9	7
	2	5
⊕ ☁	☁	

H	Z	E
⊕ ☁	☁	

H	Z	E
⊕ ☁	☁	

236 + 698 | 385 + 246 | 694 + 289
493 + 439 | 678 + 136
567 + 257 | 729 + 194 | 788 + 133

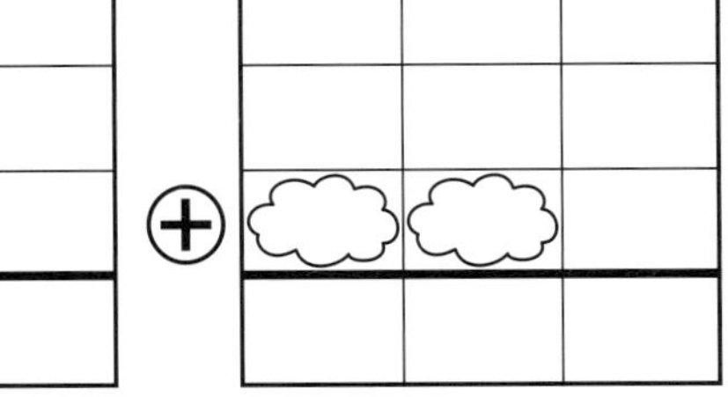

H	Z	E
⊕ ☁	☁	

H	Z	E
⊕ ☁	☁	

H	Z	E
⊕ ☁	☁	

H	Z	E
⊕ ☁	☁	

H	Z	E
⊕ ☁	☁	

H	Z	E
⊕ ☁	☁	

H	Z	E
⊕ ☁	☁	

H	Z	E
⊕ ☁	☁	

* Ü vom E zum Z und vom Z zum H

978-3-589-15399-2 | Kistler / Schneider

1000

Ü HZE ⊕ HZE*

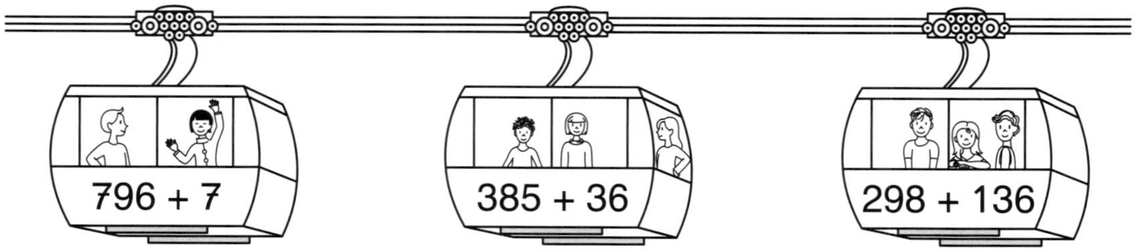

	H	Z	E
	7	9	6
			7
+			

	H	Z	E
+			

	H	Z	E
+			

	H	Z	E
+			

	H	Z	E
+			

	H	Z	E
+			

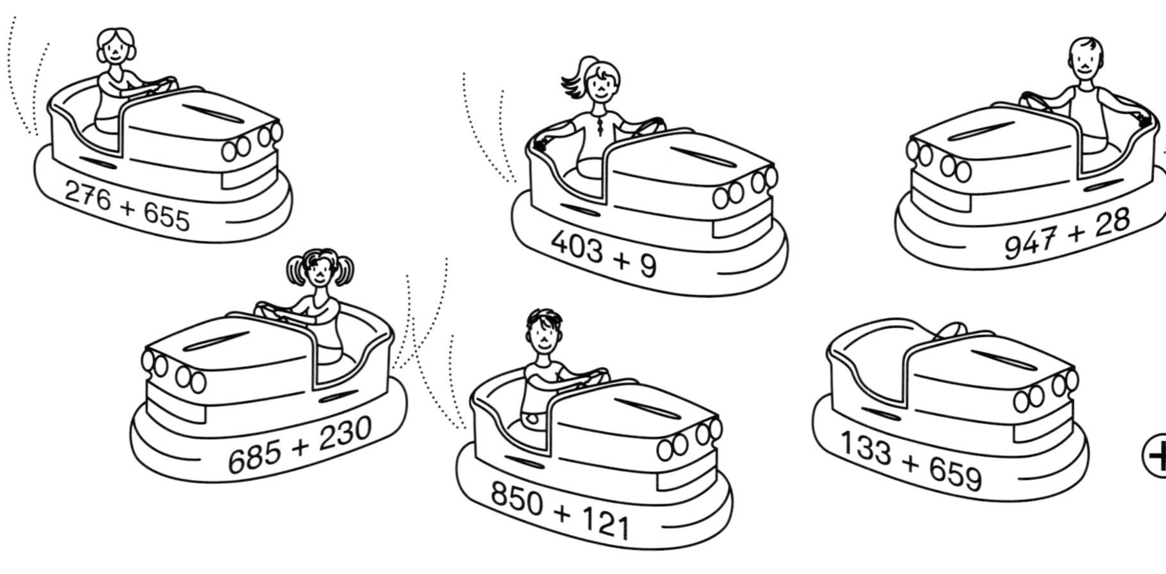

	H	Z	E
+			

	H	Z	E
+			

	H	Z	E
+			

	H	Z	E
+			

	H	Z	E
+			

	H	Z	E
+			

978-3-589-15399-2 | Kistler/Schneider: Rechnen ohne Stolperstein, Band 5B. Illustrationen: Anja Lindemann

* Ü vom E zum Z und/oder vom Z zum H

Die knifflige Null

1000

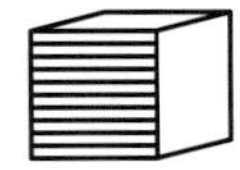

Ü	
	HZE
	⊕ HZE

	H	Z	E
	4	0	3
	2	1	7
⊕	☁	☁	

403 + 217

	H	Z	E
⊕	☁	☁	

340 + 260

	H	Z	E
⊕	☁	☁	

467 + 233

	H	Z	E
⊕	☁	☁	

582 + 308

	H	Z	E
⊕	☁	☁	

307 + 393

	H	Z	E
⊕	☁	☁	

236 + 164

	H	Z	E
⊕	☁	☁	

109 + 291

	H	Z	E
⊕	☁	☁	

630 + 109

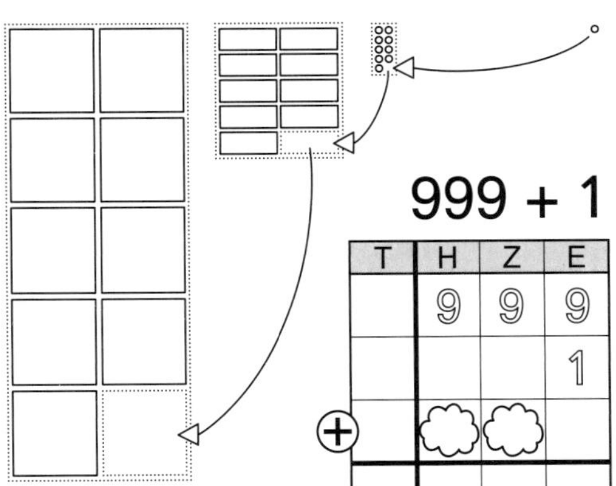

999 + 1

	T	H	Z	E
		9	9	9
				1
⊕		☁	☁	

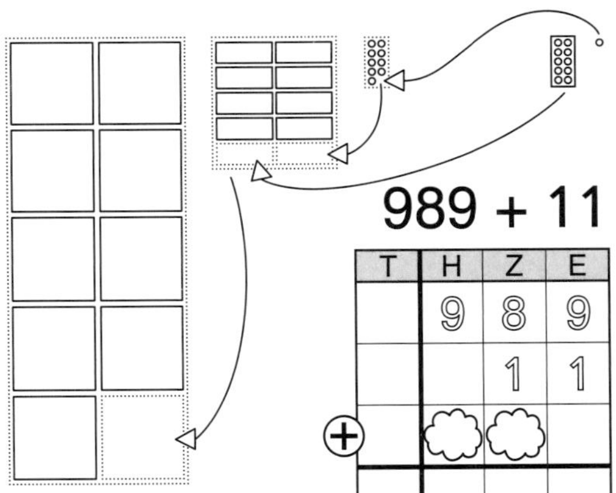

989 + 11

	T	H	Z	E
		9	8	9
			1	1
⊕		☁	☁	

555 + 445

	T	H	Z	E
⊕				

270 + 730

	T	H	Z	E
⊕				

981 + 19

	T	H	Z	E
⊕				

785 + 215

	T	H	Z	E
⊕				

Teile selbst ein: T | H | Z | E

1000

Ü HZE ⊕ HZE

487 + 136

	T	H	Z	E
		4	8	7
		1	3	6
⊕				

261 + 371

725 + 135

115 + 185

306 + 694

550 + 59

624 + 8

225 + 663

	T	H	Z	E
		2	2	5
		6	6	3
⊕				

489 + 399

507 + 381

290 + 598

287 + 258

222 + 324

409 + 138

352 + 196

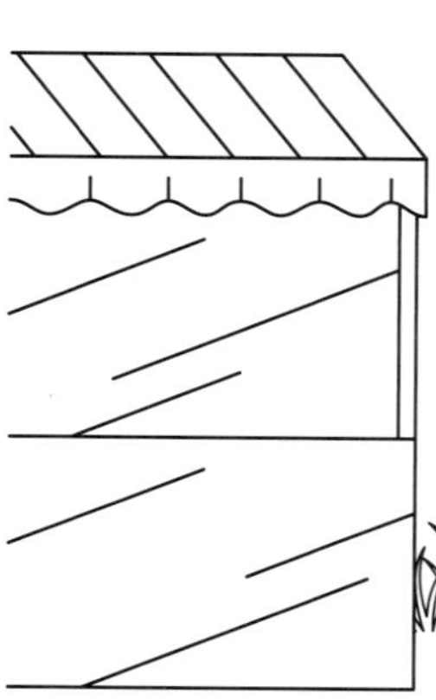

978-3-589-15399-2 | Kistler/Schneider: Rechnen ohne Stolperstein, Band 5B. Illustrationen: Anja Lindemann

Teile selbst ein: T | H | Z | E

1000

Ü

HZE
⊕ HZE

T	H	Z	E
	7	8	2
		2	0
⊕			

782 + 20

792 + 8

782 + 8

399 + 1

399 + 10

982 + 18

Immer 2 Wagen haben das gleiche Ergebnis: Male an!

158 + 161

T	H	Z	E
	1	5	8
	1	6	1
⊕			

443 + 286

287 + 348

89 + 389

ROT 319

GELB 635

BLAU 729

GRÜN 478

546 + 89

271 + 48

284 + 194

237 + 492

978-3-589-15399-2 | Kistler/Schneider: Rechnen ohne Stolperstein, Band 3b. Illustrationen: Anja Lindemann

Turmaufgaben: Drei untereinander

1000

Ü HZE ⊕ HZE

	T	H	Z	E	
		2	6	1	
		3	1	4	
		1	2	6	
⊕					

261 + 314 + 126
562 + 215 + 114
503 + 281 + 172
394 + 127 + 243
163 + 548 + 272
429 + 111 + 286

396 + 5 + 27
408 + 26 + 317
216 + 5 + 328
136 + 39 + 615
290 + 17 + 8
345 + 5 + 126

978-3-589-15399-2 | Kistler/Schneider: Rechnen ohne Stolperstein, Band 5B. Illustrationen: Anja Lindemann

Ungefähr: Überschlage mit Hundertern!

1000

⟳Ü HZE ⊕ HZE

	H Z E		H Z E		H Z E	
112 + 399 = ⟳	1 0 0	+	4 0 0	=	5 0 0	112 ⊕ 399
688 + 213 = ⟳		+		=		688 ⊕ 213
408 + 219 = ⟳		+		=		408 ⊕ 219
191 + 590 = ⟳		+		=		191 ⊕ 590
573 + 255 = ⟳		+		=		573 ⊕ 255
209 + 150 = ⟳		+		=		209 ⊕ 150

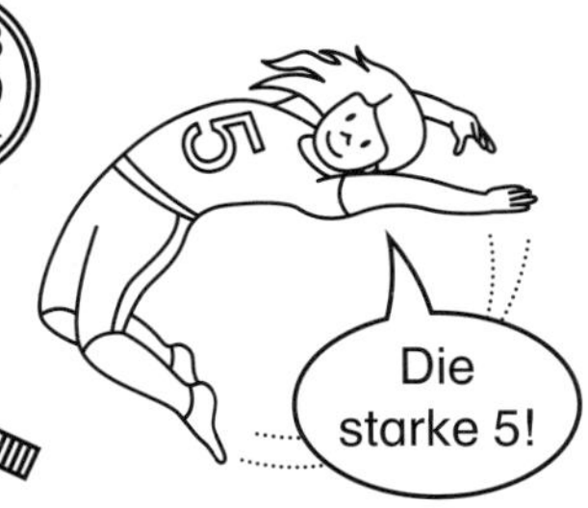

277 + 432 (277 ⊕ 432)
3 0 0 + 4 0 0 = ___

309 + 127 (309 ⊖ 127)
___ + ___ = ___

152 + 243 (152 ⊕ 243)
___ + ___ = ___

159 + 142 (159 ⊕ 142)
___ + ___ = ___

742 + 69 (742 ⊕ 69)
___ + ___ = ___

384 + 97 (384 ⊕ 97)
___ + ___ = ___

490 + 164 (490 ⊕ 164)
___ + ___ = ___

413 + 439 (413 ⊕ 439)
___ + ___ = ___

98 + 465 (98 ⊕ 465)
___ + ___ = ___

514 + 426 (514 ⊕ 426)
___ + ___ = ___

Sachaufgaben

1000

Ü

HZE
⊕ HZE

Bei den Wasserspielen kann man auch als Zuschauer leicht nass werden. 296 Kinder wagen es, in den ersten Reihen zuzusehen. In sicherer Entfernung stehen 135 Erwachsene. Wie viele Leute schauen bei den Wasserspielen zu?

A:

Im Artistenzelt sitzen bei der Vorführung des Zauberers auf den Zuschauerrängen 187 Personen. Den Auftritt der Artisten wollen weitere 65 Menschen sehen. Am Schluss bei der berühmten Nummer der Feuerspucker drängeln sich noch 169 Leute ins Zelt. Wie viele sitzen am Ende im Zelt?

A:

Nach der Vorstellung findet eine Disco im Zelt statt. Sie ist besonders begehrt bei den Jugendlichen. 112 Mädchen tanzen in der Manege. Auch den Jungs gefällt die Musik gut. Es tanzen 57 mehr Jungs als Mädchen. Wie viele Jugendliche sind insgesamt auf der Tanzfläche?

A:

Vormittags und nachmittags lassen die Kinder im Freizeitpark Luftballons steigen. Es sind rote, grüne und gelbe Luftballons. Von jeder Farbe steigen 159 Luftballons in den Himmel. Wie viele Luftballons fliegen an diesem Tag über den Freizeitpark?

A:

Leider regnet es im Freizeitpark. Viele Leute strömen in die 3D-Vorführung. In der ersten Vorstellung sind 257 Zuschauer. In der zweiten Vorführung schauen sich sogar 386 Leute den Film an. Wie viele haben den Film gesehen?

A:

Die Greifvogelschau ist eine Riesenattraktion im Freizeitpark. Weißkopfseeadler und Gänsegeier fliegen nur knapp über den Köpfen der Zuschauer hinweg. Zur Vorführung haben sich 349 Leute auf der linken Seite der Flugschau versammelt. Auf der rechten Seite sitzen noch mal 295 Menschen. Wie viele Zuschauer sind insgesamt da?

A:

978-3-589-15399-2 | Kistler/Schneider: Rechnen ohne Stolperstein, Band 5B. Illustrationen: Anja Lindemann

FREIZEITPARK

1000

Wiederholung ZÜ⊖E

12 – 4 =

11 – 2 =	17 – 8 =	11 – 6 =
13 – 5 =	12 – 5 =	13 – 7 =
15 – 7 =	16 – 9 =	12 – 8 =
14 – 5 =	18 – 9 =	14 – 8 =

Die kleine Aufgabe hilft dir!

32 – 4 =

12 – 4 =

Vergleiche mit der kleinen Aufgabe!

51 – 2 =	37 – 8 =	41 – 6 =
93 – 5 =	82 – 5 =	83 – 7 =
65 – 7 =	66 – 9 =	72 – 8 =
44 – 5 =	78 – 9 =	54 – 8 =

Rechne untereinander! Achtung: Einen Zehner musst du holen!

1000

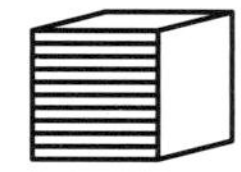

Ü

HZE
⊖ E*

	Z	E
	4	6
	1	
−		9
	3	7

* 6 – 9 geht nicht
* Ich hole 1 Zehner
Notieren!
* 16 – 9 = 7
* 3 Zehner bleiben

	Z	E
−		

* 6 – 8 geht nicht
* Ich hole 1 Zehner
Notieren!
* 16 – 8 = 8
* 3 Zehner bleiben

	Z	E
−		

* 6 – 7 geht nicht
* Ich hole 1 Zehner
Notieren!
* 16 – 7 = 9
* 3 Zehner bleiben

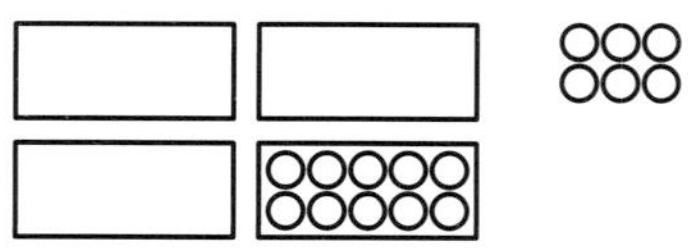

	H	Z	E
	3	4	6
		1	
−			9

* 6 – 9 geht nicht
* Ich hole 1 Zehner
Notieren!
* 16 – 9 = 7
* 3 Zehner bleiben

	H	Z	E
−			

* 6 – 8 geht nicht
* Ich hole 1 Zehner
Notieren!
* 16 – 8 = 8
* 3 Zehner bleiben

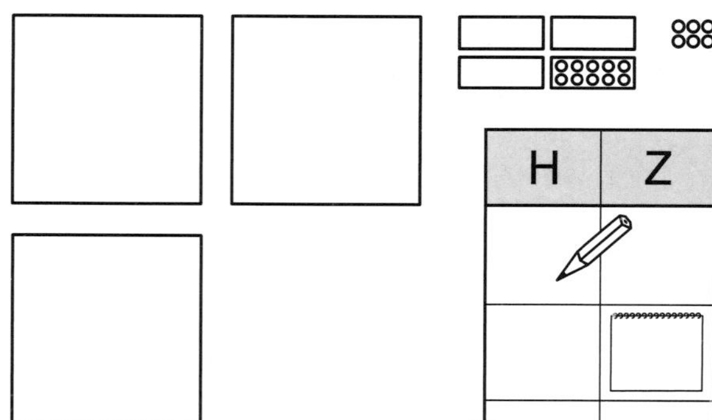

	H	Z	E
−			

* 6 – 7 geht nicht
* Ich hole 1 Zehner
Notieren!
* 16 – 7 = 9
* 3 Zehner bleiben

978-3-589-15399-2 | Kistler/Schneider: Rechnen ohne Stolperstein, Band 5B. Illustrationen: Anja Lindemann

* Ü nur vom E zum Z

Hole dir einen Hunderter!

1000

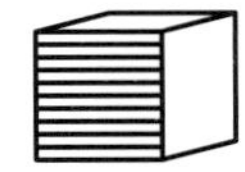

Ü — HZE ⊖ ZE*

H	Z	E
3	4	6
Ü		
⊖	6	2
2	8	4

* 4 – 6 geht nicht
* Ich hole 1 Hunderter
Notieren!
* 14 – 6 = 8
* 2 Hunderter bleiben

H	Z	E
3	4	6
Ü		
⊖	8	4

* 4 – 8 geht nicht
* Ich hole 1 Hunderter
Notieren!
* 14 – 8 = 6
* 2 Hunderter bleiben

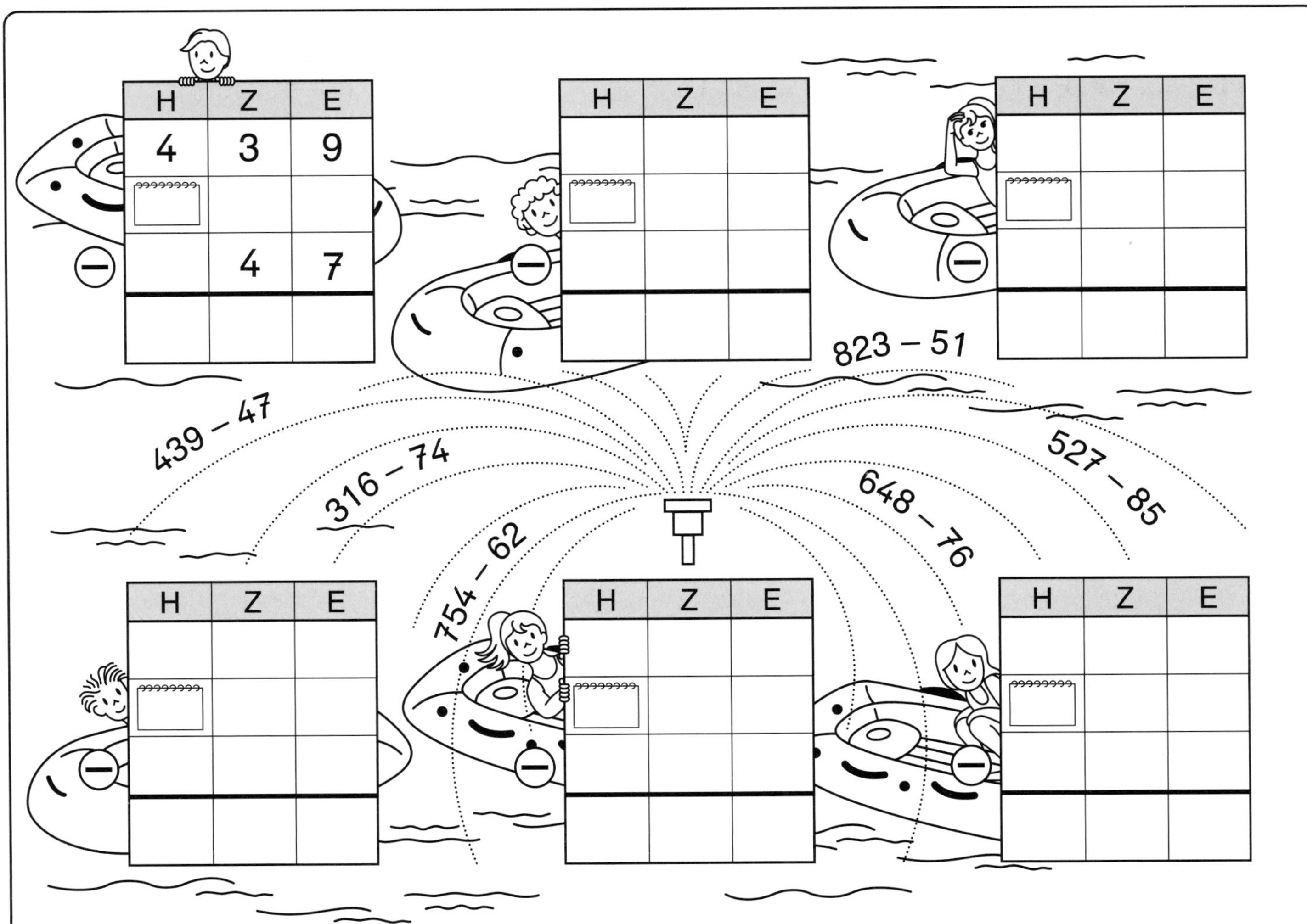

H	Z	E
4	3	9
Ü		
⊖	4	7

H	Z	E
Ü		
⊖		

H	Z	E
Ü		
⊖		

439 – 47

316 – 74

754 – 62

823 – 51

648 – 76

527 – 85

H	Z	E
Ü		
⊖		

H	Z	E
Ü		
⊖		

H	Z	E
Ü		
⊖		

* Ü nur vom Z zum H

978-3-589-15399-2 | Kistler/Schneider: Rechnen ohne Stolperstein, Band 5B. Illustrationen: Anja Lindemann

Was musst du holen? Zehner oder Hunderter?

1000

Ü

HZE
⊖ HZE*

H	Z	E
7	1	2
☐		
⊖ 6	8	1

H	Z	E
⊖		

H	Z	E
⊖		

H	Z	E
⊖		

H	Z	E
⊖		

H	Z	E
⊖		

457 – 192 534 – 182 392 – 29 971 – 536

548 – 264 263 – 48 484 – 66 639 – 372

H	Z	E
4	5	7
☐		
⊖ 1	9	2

H	Z	E
⊖		

H	Z	E
⊖		

H	Z	E
⊖		

H	Z	E
⊖		

H	Z	E
⊖		

H	Z	E
⊖		

H	Z	E
⊖		

* Ü vom E zum Z oder vom Z zum H

978-3-589-15399-2 | Kistler/Schneider: Rechnen ohne Stolperstein, Band 5B. Illustrationen: Anja Lindemann

Achtung: Einen Zehner und einen Hunderter musst du holen!

1000

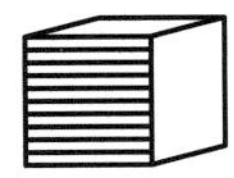

Ü

HZE
⊖ ZE*

H	Z	E
3	4	6
⊖	5	9
2	8	7

* 3 – 5 geht nicht
* Ich hole 1 Hunderter
Notieren!
* 2 Hunderter bleiben

* 6 – 9 geht nicht
* Ich hole 1 Zehner
Notieren!
* 3 Zehner bleiben

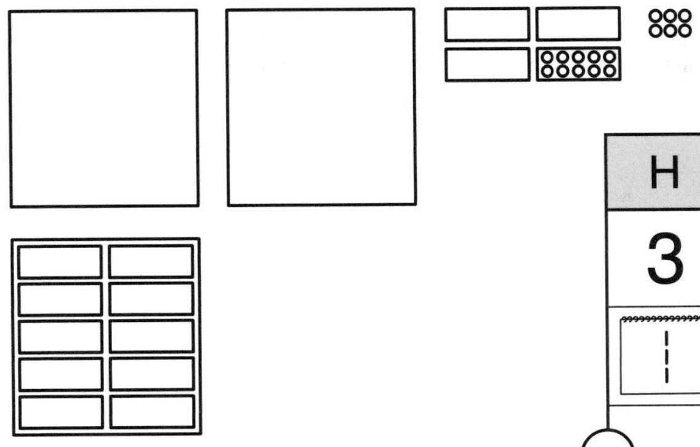

H	Z	E
3	4	6
⊖	6	8

* 3 – 6 geht nicht
* Ich hole 1 Hunderter
Notieren!
* 2 Hunderter bleiben

* 6 – 8 geht nicht
* Ich hole 1 Zehner
Notieren!
* 3 Zehner bleiben

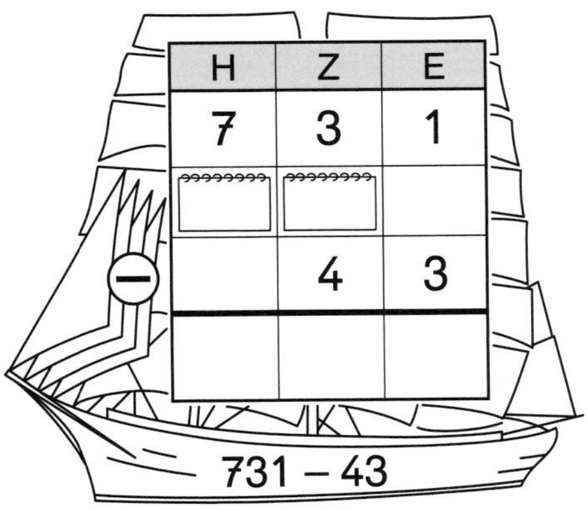

H	Z	E
7̸	3	1
⊖	4	3

731 – 43

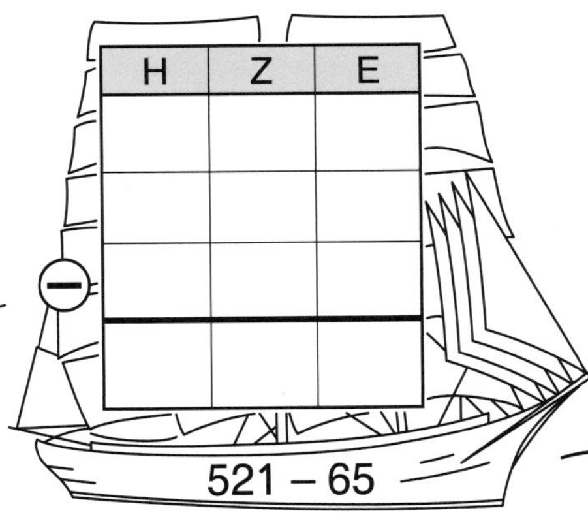

H	Z	E
⊖		

521 – 65

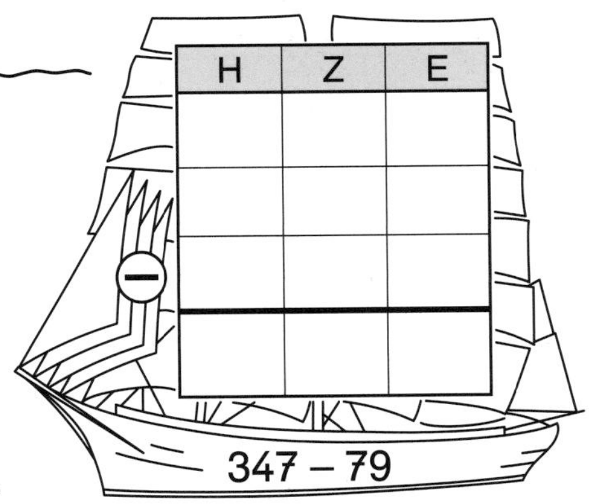

H	Z	E
⊖		

347 – 79

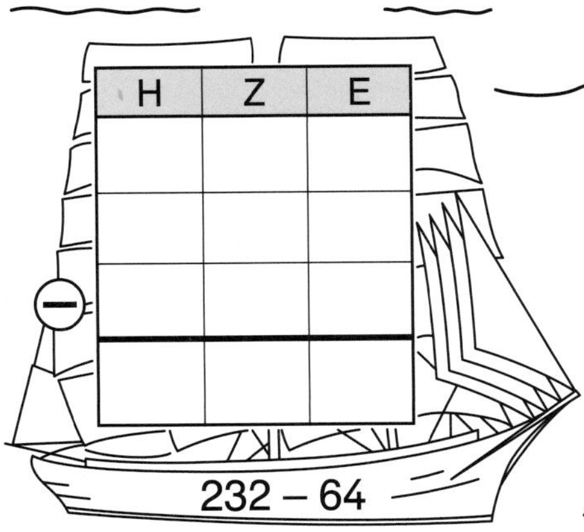

H	Z	E
⊖		

232 – 64

H	Z	E
⊖		

923 – 56

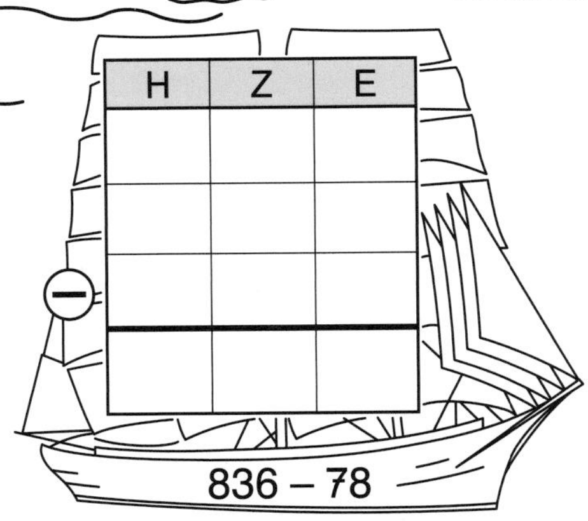

H	Z	E
⊖		

836 – 78

* Ü vom E zum Z und vom Z zum H

978-3-589-15399-2 | Kistler/Schneider: Rechnen ohne Stolperstein, Band 3b. Illustrationen: Anja Lindemann

Was musst du aufmachen? Zehner? Hunderter?

1000

Ü HZE ⊖ HZE*

	H	Z	E
	5	8	2
		☐	
⊖		1	4

	H	Z	E
⊖			

	H	Z	E
⊖			

	H	Z	E
⊖			

	H	Z	E
⊖			

	H	Z	E
⊖			

Hole dir Zehner und Hunderter! Notiere!

582 – 14
928 – 361
391 – 346
934 – 229
724 – 175
614 – 72

	H	Z	E
	7	6	1
⊖		3	4

	H	Z	E
⊖			

	H	Z	E
⊖			

	H	Z	E
⊖			

	H	Z	E
⊖			

	H	Z	E
⊖			

	H	Z	E
⊖			

	H	Z	E
⊖			

761 – 34
611 – 234
539 – 215
499 – 137
493 – 168
252 – 87
347 – 74
876 – 321

978-3-589-15399-2 | Kistler/Schneider: Rechnen ohne Stolperstein, Band 5B. Illustrationen: Anja Lindemann

* Ü vom E zum Z und/oder vom Z zum H

Neues von der kniffligen Null

1000

Ü

HZE
⊖ HZE

T	H	Z	E
	4	8	0
		☐	
−		2	3

480 – 23

T	H	Z	E
−			

480 – 176

T	H	Z	E
−			

405 – 18

T	H	Z	E
−			

405 – 239

T	H	Z	E
1	0	0	0
☐	☐	☐	
−			1

1000 – 1

T	H	Z	E
−			

1000 – 555

T	H	Z	E
−			

1000 – 36

978-3-589-15399-2 | Kistler / Schneider: Rechnen ohne Stolperstein, Band 3. Illustrationen: Anja Lindemann

Noch mehr von der kniffligen Null!

1000

Ü HZE
⊖ HZE*

804 – 206   903 – 8   906 – 382   300 – 126   1000 – 337

	T	H	Z	E
		8	0	4
−		2	0	6

	T	H	Z	E
−				

	T	H	Z	E
−				

	T	H	Z	E
−				

	T	H	Z	E
−				

ZIEL

516 – 9   516 – 49   516 – 319   713 – 38   512 – 58   516 – 449

START

	T	H	Z	E
		5	1	6
−		4	4	9

	T	H	Z	E
−				

	T	H	Z	E
−				

	T	H	Z	E
−				

	T	H	Z	E
−				

	T	H	Z	E
−				

978-3-589-15399-2 | Kistler/Schneider: Rechnen ohne Stolperstein, Band 5B. Illustrationen: Anja Lindemann

* 516 – 449 = 067: Hier sollte erklärt werden, dass die 0 hier wegfällt!

Goldwäsche: Teile selbst ein!

1000

Ü HZE
⊖ HZE

	6	9	3	
–			8	

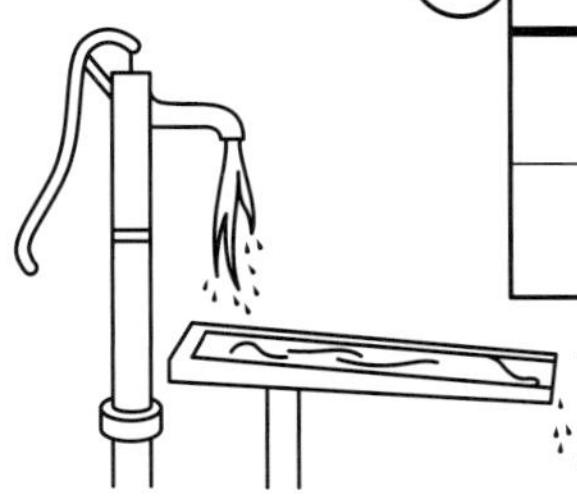

693 – 8   226 – 39   807 – 129

571 – 239

700 – 215

425 – 7   1000 – 136   386 – 129   837 – 50

612 – 103

425 – 167

Goldige Aufgaben! Teile ein!

1000

Ü HZE
⊖ HZE

	9	3	6	
−	5	2	8	

527 – 39

300 – 6

413 – 248

849 – 247

906 – 8

317 – 19

978-3-589-15399-2 | Kistler/Schneider: Rechnen ohne Stolperstein, Band 5B. Illustrationen: Anja Lindemann

Goldige Ergebnisse! Teile selbst ein!

1000

Ü

HZE
⊖ HZE

390 – 289

580 – 277

770 – 568

590 – 186

792 – 287

999 – 888

609 – 598

1000 – 999

471 – 469

718 – 696

411 – 189

Sachaufgaben

1000

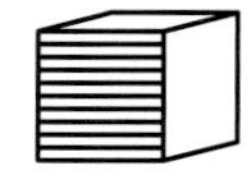

Ü

HZE
⊖ HZE

Von den 431 Zuschauern bei den Wasserspielen wurden ziemlich viele nass gespritzt. Natürlich hat es hauptsächlich die Kinder in den ersten Reihen erwischt. Nur 258 Leute blieben trocken. Wie viele Zuschauer müssen sich vor der nächsten Station erst einmal abtrocknen?

A:

421 Leute klatschen im Artistenzelt den Feuerspuckern begeistert Applaus. Nun ist eine halbe Stunde Pause. Danach soll es mit den Seiltänzern weitergehen.
157 Leute bleiben gleich für die nächsten Artisten sitzen.
Wie viele Leute verlassen das Zelt?

A:

Von den 281 begeisterten Tänzern und Tänzerinnen sind einige nach einer halben Stunde völlig k.o. Sie brauchen dringend eine Ruhepause. Auf der Tanzfläche halten 194 Tanzbegeisterte noch ein wenig durch. Wie viele ruhen sich auf den Rängen erstmal aus?

A:

Ganz leicht kannst du meine Zahl errechnen.
Ziehe einfach 473 von 761 ab.

A:

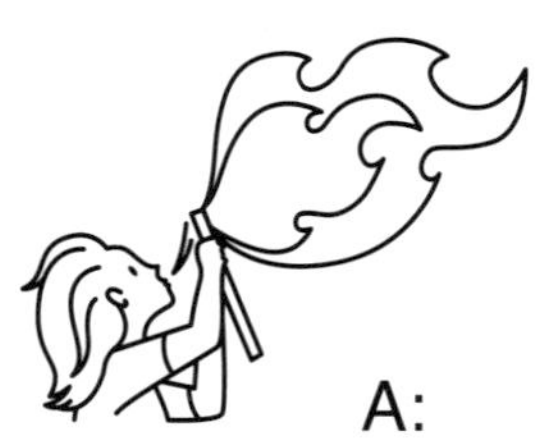

Meine Zahl liegt zwischen 1000 und 100.
Sie ist um 659 kleiner als 947.

A:

Nimm bei mir die Superzahl, du weißt schon: 1000.
Jetzt denke dir 712 weg. Nun hast du sie: Überraschung!

A:

Aufgemerkt:
Eine wirklich besondere Zahl! Du kannst sie herausfinden mit einer Minusaufgabe. Die beiden Zahlen, die du brauchst, sind 566 und 854. Viel Erfolg beim Rechnen!

A:

978-3-589-15399-2 | Kistler/Schneider: Rechnen ohne Stolperstein, Band 5B. Illustrationen: Anja Lindemann

Ungefähr: Überschlage mit Hundertern!

1000

⟳Ü HZE ⊖ HZE

Aufgabe		H Z E		H Z E		H Z E	Lupe
511 – 399 =	⟳	5 0 0	–	4 0 0	=		511 ⊖399
901 – 688 =	⟳		–		=		901 ⊖688
627 – 408 =	⟳		–		=		627 ⊖408
781 – 191 =	⟳		–		=		781 ⊖191
828 – 573 =	⟳		–		=		828 ⊖573
359 – 209 =	⟳		–		=		359 ⊖209

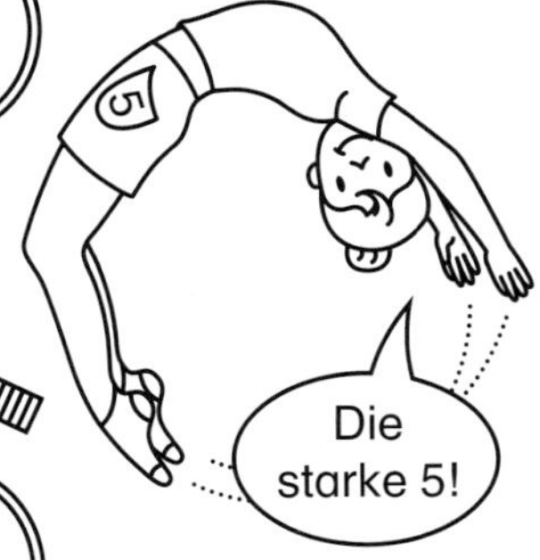

Aufgabe	Lupe	Überschlag
709 – 277	709 ⊖277	700 – 300 =
436 – 309	436 ⊖309	– =
392 – 152	392 ⊖152	– =
143 – 87	143 ⊖ 87	– =
217 – 188	217 ⊖188	– =
521 – 287	521 ⊖287	– =
654 – 490	654 ⊖490	– =
852 – 413	852 ⊖413	– =
563 – 98	563 ⊖ 98	– =
940 – 514	940 ⊖514	– =

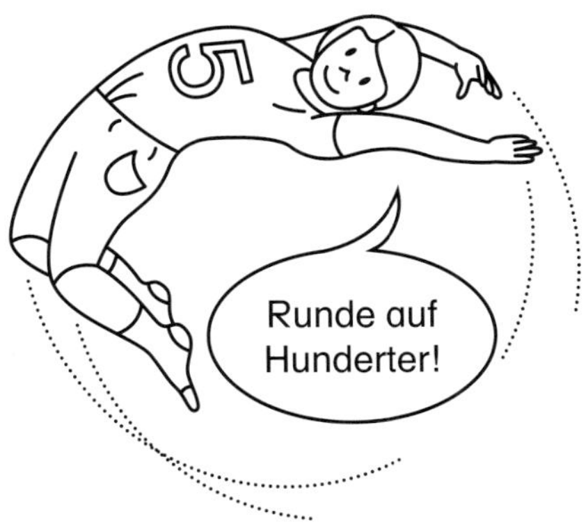

978-3-589-15399-2 | Kistler / Schneider: Rechnen ohne Stolperstein

Überschlage zuerst, rechne dann genau!

1000

ⓤÜ HZE
⊖ HZE

Am Morgen werden 909 Flaschen Mineralwasser geliefert. Es ist ein sehr heißer Sommertag, deshalb wird an den Verkaufsständen sehr viel Wasser verkauft. 411 Flaschen sind am Abend noch übrig. Wie viel Mineralwasser wurde verkauft?

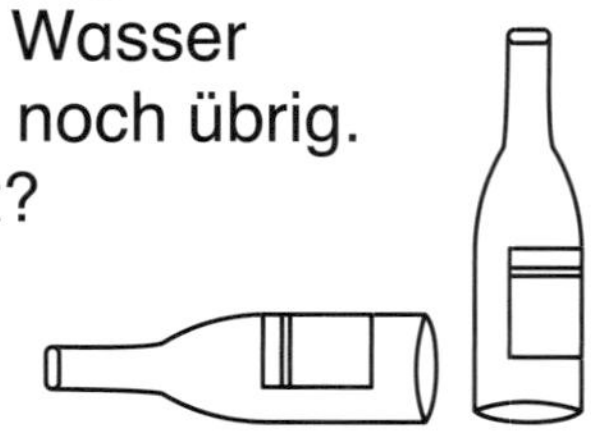

A:

Am Eisstand sagt Frau Andrea: „Gestern habe ich 355 Kugeln Eis verkauft. Heute waren es 672 Kugeln. Besonders gerne haben die Kinder heute Schokoeis gegessen.“ Wie viele Kugeln hat Frau Andrea heute mehr verkauft?

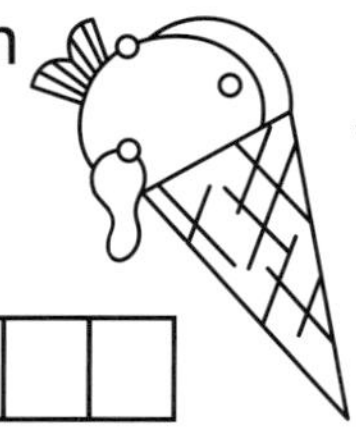

A:

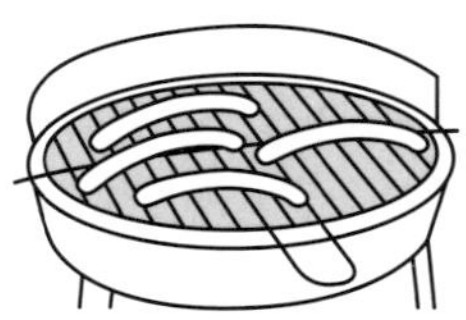

An der Würstchenbude klagt Herr Stefan: „Bei dieser Hitze haben die Kinder mehr Lust auf Eis. Meine Würstchen bleiben liegen! Gestern habe ich 512 Würstchen verkauft. Heute waren es nur 287!“ Wie viele Würstchen hat Herr Stefan heute weniger verkauft?

A:

Was stimmt wohl? Überschlage im Kopf, rechne dann genau!

Es ist Sonntag, im Souvenirladen ist die Hölle los. Es wurden für 791 Euro Waren verkauft. Am meisten verdiente Herr Rolf an den Mini-Dinos. Dafür gaben die Besucher 432 Euro aus. Wie viel Geld brachten die anderen Waren in die Kasse ein?

☐ 60 ☐ 400 ☐ 500 ☐ 300

Heute macht die Verkäuferin für Regenumhänge ein gutes Geschäft. Es regnet schon den ganzen Tag. Am Abend hat sie 616 Euro eingenommen. Schon mittags hatte sie 397 Euro in der Kasse. Wie viel hat sie am Nachmittag mit den Regenmänteln verdient?

☐ 20 ☐ 400 ☐ 200 ☐ 300

Im Erlebnis-Kino werden an der Kasse auch 3D-Brillen verkauft. Am Abend waren 698 Euro in der Kasse. Für die Brillen gaben die Besucher 289 Euro aus. Wie viel Euro haben die Leute noch für Popcorn und Getränke ausgegeben?

☐ 300 ☐ 400 ☐ 500 ☐ 700

978-3-589-15399-2 | Kistler/Schneider: Rechnen ohne Stolperstein, Band 5B. Illustrationen: Anja Lindemann

Käferbahn: Einsteigen ⊕, Aussteigen ⊖

1000

Wiederholung ZÜ (+/−) E

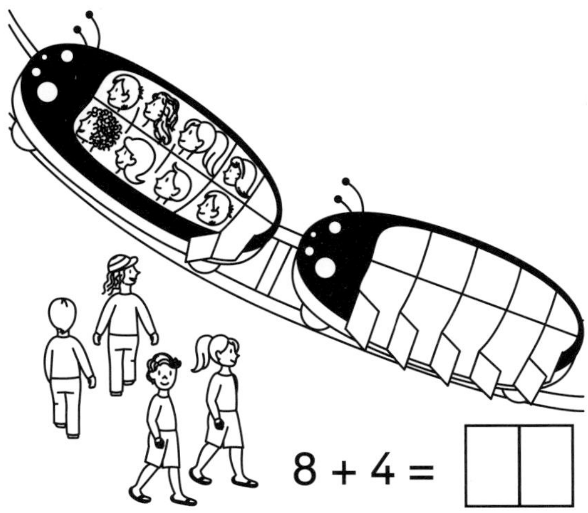

8 + 4 = ☐☐

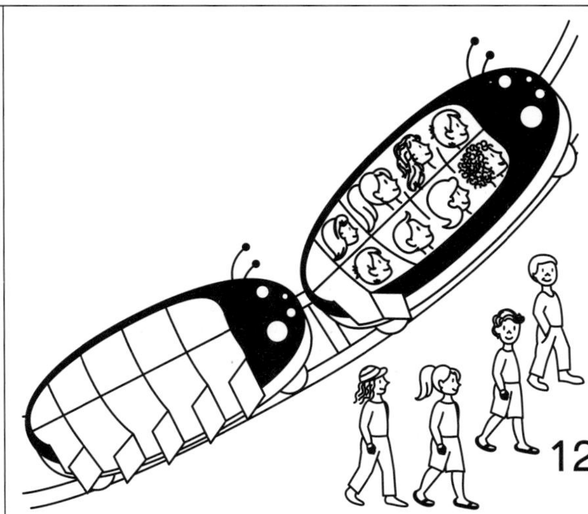

12 − 4 = ☐☐

9 + 4 = ☐☐	7 + 8 = ☐☐	8 + 3 = ☐☐
11 − 3 = ☐☐	12 − 3 = ☐☐	11 − 8 = ☐☐
6 + 7 = ☐☐	5 + 6 = ☐☐	7 + 5 = ☐☐
17 − 9 = ☐☐	15 − 9 = ☐☐	15 − 9 = ☐☐

28 + 4 = ☐☐

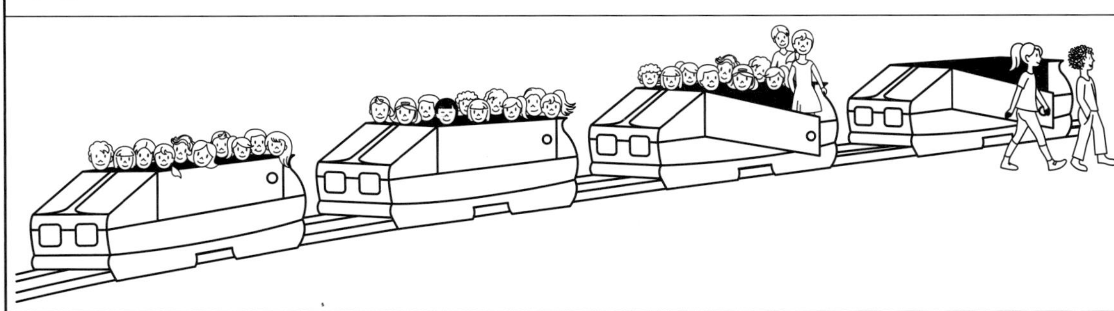

32 − 4 = ☐☐

39 + 4 = ☐☐	37 + 8 = ☐☐	28 + 3 = ☐☐
61 − 3 = ☐☐	82 − 3 = ☐☐	71 − 8 = ☐☐
76 + 7 = ☐☐	65 + 6 = ☐☐	43 + 9 = ☐☐
27 − 9 = ☐☐	45 − 9 = ☐☐	65 − 9 = ☐☐

Rechne untereinander!

1000

Ü

HZE

+/− E/Z/HZE *

	Z	E
	4	6
+		9

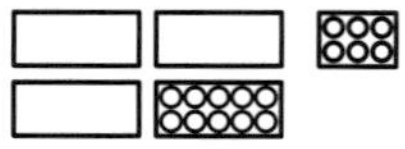

	Z	E
	4	6
−		9

	H	Z	E
+			

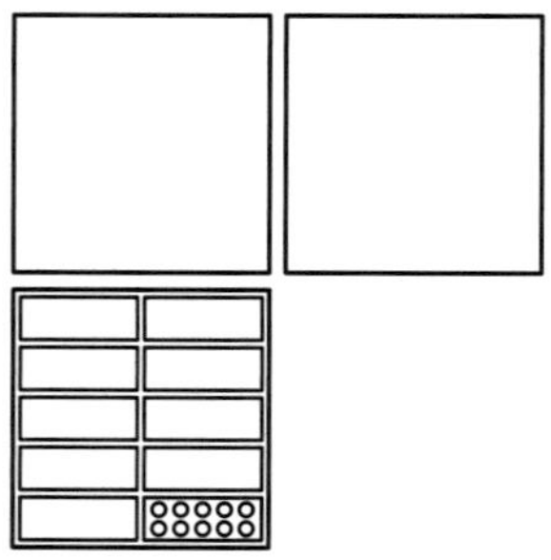

	H	Z	E
−			

385 + 229

H	Z	E

969 – 385

H	Z	E

457 + 386

H	Z	E

596 + 182

H	Z	E

854 – 479

H	Z	E

352 – 136

H	Z	E

978-3-589-15399-2 | Kistler/Schneider: Rechnen ohne Stolperstein, Band 5B. Illustrationen: Anja Lindemann

* Ü von E zum Z und/oder vom Z zum H

Bogenschießen: Wieder die knifflige Null!

1000

Ü

HZE

+/– E/Z/HZE

706 + 261

T	H	Z	E

370 – 14

T	H	Z	E

445 + 355

T	H	Z	E

198 – 102

T	H	Z	E

230 + 250

T	H	Z	E

402 – 35

T	H	Z	E

627 + 223

T	H	Z	E

1000 – 3

T	H	Z	E

900 – 137

T	H	Z	E

806 – 248

T	H	Z	E

458 + 251

T	H	Z	E

998 + 2

T	H	Z	E

Rechnen im Dinoland

1000

Ü

HZE ± HZE

468 + 235 | 593 − 248 | 739 + 185

	4	6	8	
	2	3	5	
+				

	5	9	3	
−	2	9	8	

376 + 585 | 733 − 433 | 941 − 657

699 + 285

842 − 369

604 − 317

1000 − 937

459 + 341

286 + 437

978-3-589-15399-2 | Kistler/Schneider: Rechnen ohne Stolperstein, Band 5B. Illustrationen: Anja Lindemann

1000

Ü

+/– HZE HZE

T-Rex hat die Lösungen!

284 + 153	570 – 328	776 – 301	724 + 118
407 + 263	657 + 251	508 – 434	596 – 348

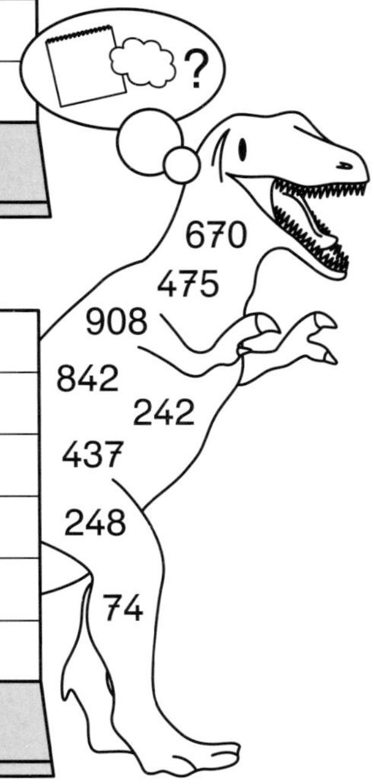

Wie heiβt das Lösungswort?

432 + 432	1000 – 465	316 + 184	899 – 527	768 – 583
763 + 155	856 – 431	641 – 487	537 + 374	538 + 462

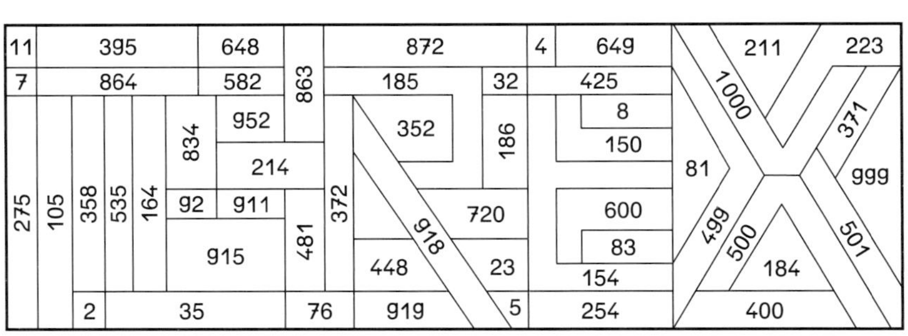

Kunststücke!

1000

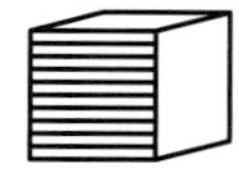

Ü

+/– HZE
HZE*

	214 + 673	5 + 369	546 – 439	56 + 876
	214		546	
	673			
	⊕		⊖ 439	

700 – 258	911 – 637	287 + 713	746 – 323

Fehlersuche: Streiche falsche Aufgaben aus! Buchstaben der richtigen Aufgaben schreibe in die Keulen!

A
1000
⊖ 739
⊜ 271

K
434
⊖ 224
⊜ 658

S
638
⊖ 194
⊜ 444

I
25
327
⊕
⊜ 577

U
426
517
⊕ 1
⊜ 943

P
347
⊖ 49
⊜ 298

B
537
⊖ 7
⊜ 460

E
387
513
⊕ 1 1
⊜ 900

O
347
470
⊕ 1
⊜ 827

R
968
⊖ 425
⊜ 543

978-3-589-15399-2 | Kistler/Schneider: Rechnen ohne Stolperstein, Band 5B. Illustrationen: Anja Lindemann

* Übergänge bei E/Z/ZE/H/HZE

Ergebnisstapel

1000

Ü

$\pm$ HZE* / HZE

326 + 413	79 + 356	913 – 9	800 – 356
623 – 434	7 + 896	1000 – 546	379 + 288

326
\+ 413

623
– 434

Rechne mit dem Ergebnis weiter!

576 + 218

– 603

706 +

– 198

699 – 199

– 309

609 +

\+ 103

903 – 897

870 +

– 505

629 +

* Übergänge bei E/Z/ZE/H/HZE

978-3-589-15399-2 | Kistler/Schneider: Rechnen ohne Stolperstein, Band 3b. Illustrationen: Anja Lindemann

Lösungsbecher

1000

Ü HZE ± HZE

	H	Z	E
	1	8	7
	6	3	5
+			

187 + 635

469 + 210

	H	Z	E
	8	6	3
−	4	6	5

863 − 465

239 + 527

716 − 309

935 − 647

601 − 312

129 + 371

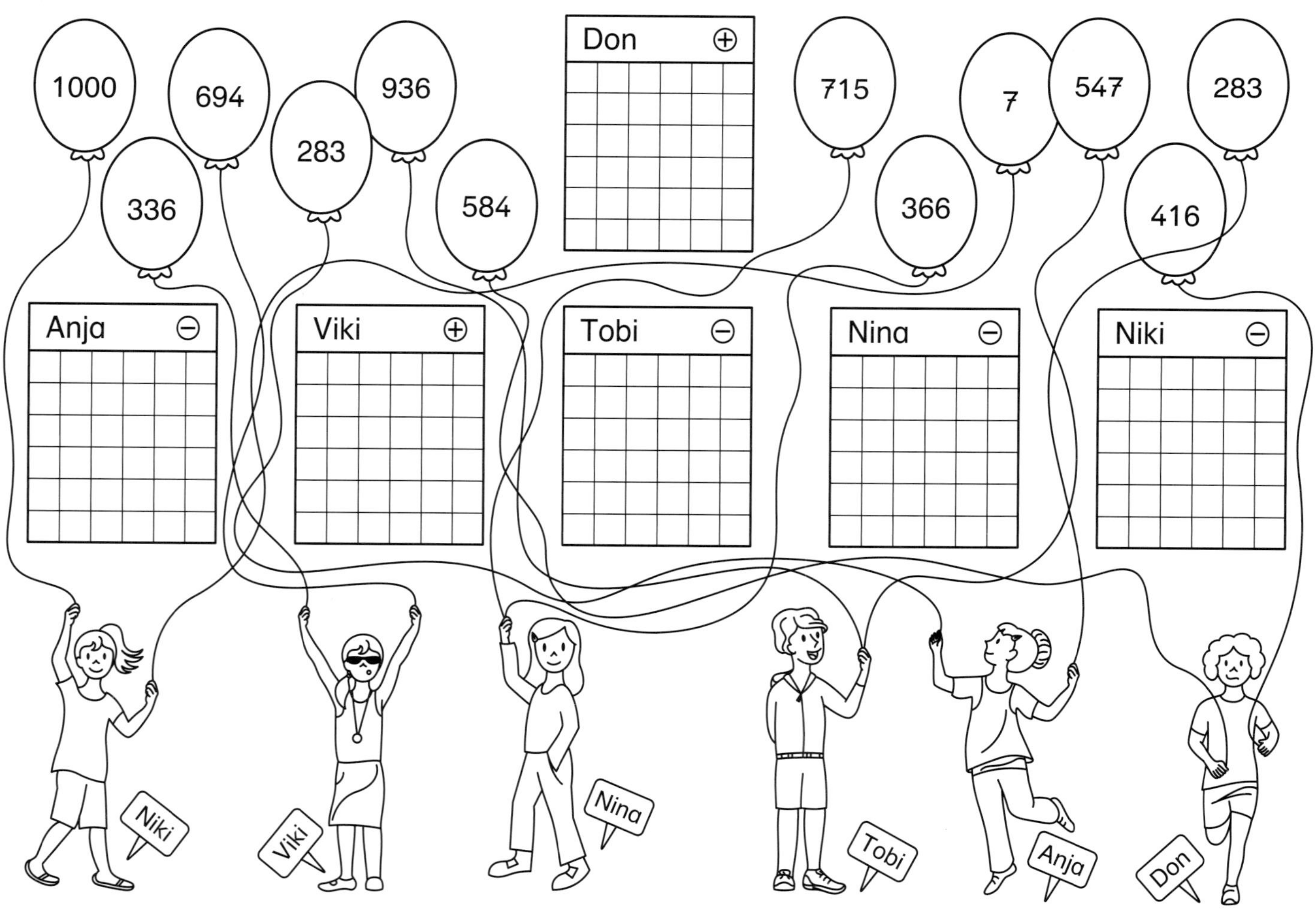

978-3-589-15399-2 | Kistler/Schneider: Rechnen ohne Stolperstein, Band 5B. Illustrationen: Anja Lindemann

Sachaufgaben

1000

Ü

HZE ± HZE

In den Park kommen vormittags 796 Besucher.
Am Nachmittag kommen noch mal 197 dazu.
Wie viele Besucher vergnügen sich dann im Park?

A:

Familie Braun fährt mit ihren beiden Kindern in den Freizeitpark. Sie bezahlt für ihren zweitägigen Aufenthalt 321 Euro. Auch Familie Langer verbringt 2 Tage dort, bezahlt aber nur 275 Euro. Wie viel gibt Familie Braun mehr aus?

A:

Leonhard und Theresa dürfen sich Lose kaufen.
Sie möchten unbedingt 1000 Punkte erreichen, denn dafür gibt es einen großen Stofftiger. Mit 10 Losen erreichen beide Kinder 867 Punkte. Wie viele Punkte fehlen noch bis 1000?

A:

Bei der Vorführung des Zauberers sitzen 187 Leute bereits im Zelt. 36 weitere Besucher kommen in den letzten Minuten noch dazu. Wie viele Leute kommen zur Zaubervorstellung?

A:

Ganz leicht ist meine Zahl nicht.
Ziehe von 974 die Zahl 96 ab, dann
kennst du meine Zahl.

A:

Meine Zahl ist ganz schön groß.
Du musst 576 und 365 zusammenrechnen,
dann weißt du sie!

A:

Nimm bei mir die Superzahl 1000.
Jetzt denke dir 999 weg. Schon ist sie da, meine Zahl.
Musst du lange rechnen?

A:

Meine Zahl kannst du nur mit 2 Aufgaben
errechnen. Zuerst musst du 234 von 713 abziehen.
Dann nimm das Ergebnis und rechne 521 dazu.
Meine Zahl ist klasse, oder?

A:

Ungefähr: Überschlage mit Hundertern!

1000

Ü

HZE
+/−
HZE

	H	Z	E		H	Z	E		H	Z	E
612 − 289 =	6	0	0	−	3	0	0	=			
232 + 498 =				+				=			
807 − 337 =				−				=			
435 + 116 =				+				=			
371 − 102 =				−				=			
202 + 328 =				+				=			

612 ⊖ 289

232 ⊕ 498

807 ⊖ 337

435 ⊕ 116

371 ⊖ 102

202 ⊕ 328

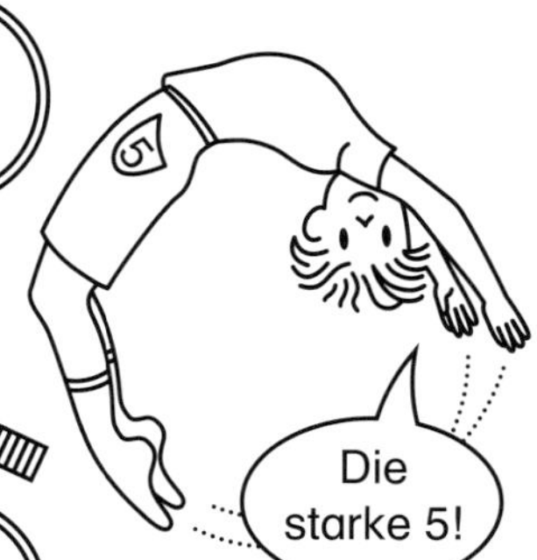

533 − 491 (533 ⊖ 491): 500 − 500 = ___

151 + 680 (151 ⊕ 680): ___ + ___ = ___

574 + 254 (574 ⊕ 254): ___ + ___ = ___

417 − 298 (417 ⊖ 298): ___ − ___ = ___

174 + 589 (174 ⊕ 589): ___ + ___ = ___

891 − 205 (891 ⊖ 205): ___ − ___ = ___

753 − 449 (753 ⊖ 449): ___ − ___ = ___

967 − 730 (967 ⊖ 730): ___ − ___ = ___

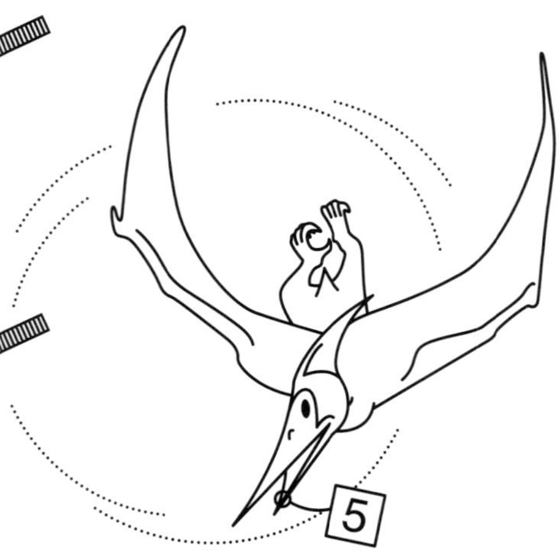

307 + 92 (307 ⊕ 92): ___ + ___ = ___

491 − 57 (491 ⊖ 57): ___ − ___ = ___

978-3-589-15399-2 | Kistler/Schneider: Rechnen ohne Stolperstein, Band 5B. Illustrationen: Anja Lindemann

Überschlage zuerst, rechne dann genau!

1000

HZE
HZE

Bei der Vorführung der Clowns sitzen 106 Leute bereits im Zelt. 96 weitere Besucher kommen in den letzten Minuten noch dazu. Wie viele Leute kommen zur Vorstellung?

A:

Unglaublich! In der linken Warteschlange vor der Achterbahn stehen 319 Leute, in der rechten stehen 298. Wie viele Leute warten auf eine schnelle Fahrt?

A:

Der Zähler an der Achterbahn zeigt am Abend, dass 996 Leute gefahren sind. Am Tag zuvor, als es stark geregnet hat, waren es nur 687. Wie viele Leute weniger sind am Vortag Achterbahn gefahren?

A:

Was stimmt wohl? Überschlage im Kopf, rechne dann genau!

Die Kinder der Familie Pfefferseder wollen unbedingt in den Freizeitpark fahren. Ihre Freundinnen haben begeistert davon erzählt. Die Eltern sind bereit dafür 212 Euro auszugeben. Mit Übernachtung würde der Wochenendausflug aber 309 Euro kosten. Wie viel Geld müssen die Kinder selbst bezahlen?

☐ 100 ☐ 50 ☐ 90 ☐ 1000

Die Kinder Lisa, Toni und Claudia plündern für den Wochenendausflug ihre Sparbüchsen. Lisa hat 102 Euro, Toni kann 94 Euro besteuern. In Claudias Sparbüchse sind sogar 184 Euro. Wie viel Geld haben die Kinder zusammen?

☐ 300 ☐ 400 ☐ 200 ☐ 500

Die Großeltern freuen sich über den geplanten Wochenendausflug und steuern 179 Euro bei. Die Kinder bezahlen zusammen 135 Euro und die Eltern die versprochenen 212 Euro. Mit wie viel Geld können die Pfefferseders nun in den Freizeitpark fahren?

☐ 500 ☐ 60 ☐ 400 ☐ 600

978-3-589-15399-2 | Kistler/Schneider: Rechnen ohne Stolpersteine, Band 5B. Illustrationen: Anja Lindemann

·10 **eine** Stelle nach links

1000

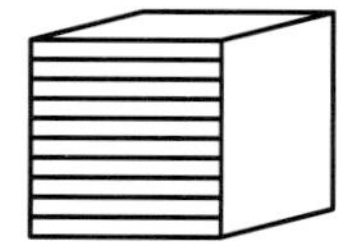

E/Z ⊙ 10

$2 \cdot 10 =$ ☐☐

H	Z	E
10	← ·10	1 (10 Plättchen)
10	← ·10	1 (10 Plättchen)

$20 \cdot 10 =$ ☐☐☐

H	Z	E
100	← ·10 (10 Marken à 10)	
100	← ·10 (10 Marken à 10)	

H	Z	E
	← ·10	1 1 1

$3 \cdot 10 =$ ☐☐☐

H	Z	E

H	Z	E
	← ·10	1 1 1 1

$4 \cdot 10 =$ ☐☐☐

H	Z	E

H	Z	E
	← ·10	1 1 1 1 1

$5 \cdot 10 =$ ☐☐☐

H	Z	E
	5	0

H	Z	E
← ·10	10 10 10	

$30 \cdot 10 =$ ☐☐☐

H	Z	E

H	Z	E
← ·10	10 10 10 10	

$40 \cdot 10 =$ ☐☐☐

H	Z	E

H	Z	E
← ·10	10 10 10 10 10	

$50 \cdot 10 =$ ☐☐☐

H	Z	E
5	0	0

978-3-589-15399-2 | Kistler/Schneider: Rechnen ohne Stolperstein, Band 5B. Illustrationen: Anja Lindemann

* In Anlehnung an das Montessori-Markenspiel

← · 100 **zwei** Stellen nach links

1000 — E/Z ⊙ 100

H	Z	E
100 100 ← · 100		① ①

$2 \cdot 100 =$ ☐☐☐

H	Z	E
2	0	0

H	Z	E
← · 100		① ① ①

$3 \cdot 100 =$ ☐☐☐

H	Z	E

H	Z	E
← · 100		① ① ① ①

$4 \cdot 100 =$ ☐☐☐

H	Z	E

H	Z	E
← · 100		① ① ① ① ① ① ①

$7 \cdot 100 =$ ☐☐☐

H	Z	E

H	Z	E
← · 100		① ① ① ① ①

$5 \cdot 100 =$ ☐☐☐

H	Z	E

H	Z	E

$8 \cdot 100 =$ ☐☐☐

H	Z	E

T	H	Z	E

$10 \cdot 100 =$ ☐☐☐☐

T	H	Z	E

H	Z	E

$9 \cdot 100 =$ ☐☐☐

H	Z	E

H	Z	E

$6 \cdot 100 =$ ☐☐☐

H	Z	E

978-3-589-15399-2 | Kistler/Schneider: Rechnen ohne Stolperstein, Band 3B. Illustrationen: Anja Lindemann

· 10 **eine** Stelle nach links

1000

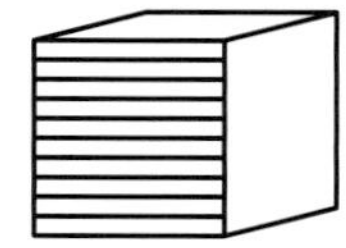

E/Z ⊙ 10/100

H	Z	E
	←	1 1 1 1 1 1

6 · 10 = ☐☐☐

H	Z	E
	6	0

H	Z	E

70 · 10 = ☐☐☐

H	Z	E

10 mal mehr,
schieb ....
nach .... ,
das ist nicht
schwer!

H	Z	E

30 · 10 = ☐☐☐

H	Z	E

H	Z	E

8 · 10 = ☐☐☐

H	Z	E

H	Z	E

9 · 10 = ☐☐☐

H	Z	E

· 100 **zwei** Stellen nach links

H	Z	E
←		1 1 1 1

4 · 100 = ☐☐☐

H	Z	E
4	0	0

H	Z	E

6 · 100 = ☐☐☐

H	Z	E

H	Z	E

2 · 100 = ☐☐☐

H	Z	E

H	Z	E

9 · 100 = ☐☐☐

H	Z	E

H	Z	E

8 · 100 = ☐☐☐

H	Z	E

100 mal mehr,
schieb .... nach .... ,
das ist nicht
schwer!

978-3-589-15399-2 | Kistler/Schneider: Rechnen ohne Stolperstein, Band 5B. Illustrationen: Anja Lindemann

· 10 eine Stelle nach links

1000

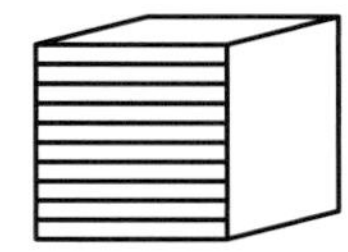

E/Z/ZE⊙10/100

H	Z	E
	10 10	1 1 1 1 1

25 · 10 = ☐☐☐

H	Z	E
2	5	0

H	Z	E

46 · 10 = ☐☐☐

H	Z	E

H	Z	E

89 · 10 = ☐☐☐

H	Z	E

H	Z	E

68 · 10 = ☐☐☐

H	Z	E

H	Z	E

35 · 10 = ☐☐☐

H	Z	E

· 10 · 100 eine oder zwei Stellen nach links

H	Z	E
		1 1 1 1 1 1 1

7 · 100 = ☐☐☐

H	Z	E

H	Z	E

50 · 10 = ☐☐☐

H	Z	E

H	Z	E

40 · 10 = ☐☐☐

H	Z	E

H	Z	E

51 · 10 = ☐☐☐

H	Z	E

H	Z	E

5 · 100 = ☐☐☐

H	Z	E

H	Z	E

6 · 100 = ☐☐☐

H	Z	E

$\cdot 10$ $\cdot 100$

1000

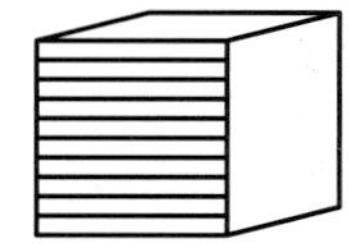

E/Z/ZE ⊙ 10/100

$5 \cdot 100 =$ ___

H	Z	E

$5 \cdot 10 =$ ___

H	Z	E

$55 \cdot 10 =$ ___

H	Z	E

$50 \cdot 10 =$ ___

H	Z	E

$7 \cdot 100 =$ ___

H	Z	E

$7 \cdot 10 =$ ___

H	Z	E

$70 \cdot 10 =$ ___

H	Z	E

$77 \cdot 10 =$ ___

H	Z	E

$\cdot 10$ $\cdot 100$

$88 \cdot 10 =$ ___

H	Z	E

$8 \cdot 100 =$ ___

H	Z	E

$8 \cdot 10 =$ ___

H	Z	E

$80 \cdot 10 =$ ___

H	Z	E

$6 \cdot 100 =$ ___

H	Z	E

$61 \cdot 10 =$ ___

H	Z	E

$6 \cdot 10 =$ ___

H	Z	E

$60 \cdot 10 =$ ___

H	Z	E

$66 \cdot 10 =$ ___

H	Z	E

978-3-589-15399-2 | Kistler/Schneider: Rechnen ohne Stolperstein, Band 5B. Illustrationen: Anja Lindemann

·10 ·100

1000

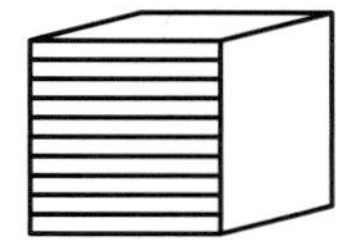

E/Z/ZE ⊙ 10/100

4 · 10 =
40 · 10 =
4 · 100 =
44 · 10 =

7 · 10 =
70 · 10 =
7 · 100 =
77 · 10 =

5 · 10 =
5 · 100 =
50 · 10 =
55 · 10 =

6 · 10 =
6 · 100 =
66 · 10 =
60 · 10 =

10 · 10 =
1 · 100 =
11 · 10 =

9 · 10 =
90 · 10 =
9 · 100 =
99 · 10 =

3 · 100 =
33 · 10 =
3 · 10 =
30 · 10 =

·10 ·100

7 · 100 =
39 · 10 =
6 · 10 =
35 · 10 =

8 · 10 =
100 · 10 =
2 · 100 =
77 · 10 =

88 · 10 =
10 · 100 =
17 · 10 =

22 · 10 =
47 · 10 =
80 · 10 =
40 · 10 =

24 · 10 =
5 · 100 =
3 · 10 =
20 · 10 =

49 · 10 =
55 · 10 =
8 · 100 =
65 · 10 =

98 · 10 =
87 · 10 =
80 · 10 =
2 · 10 =

Sachaufgaben

1000

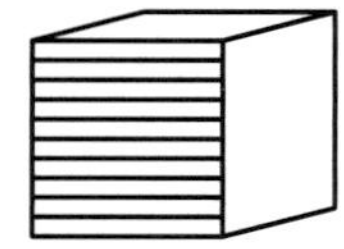

E/Z/ZE⊙10/100

Marco braucht seine Sticker nicht mehr. Er will sie auf dem Schulflohmarkt verkaufen. In seinem Sticker-Heft sind auf jedem Blatt 6 verschiedene Sticker. Das Heft hat 100 Seiten. Wie viele Sticker kann Marco verkaufen?

A:

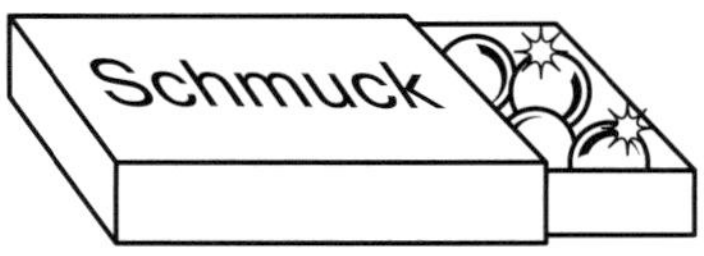

Lukas findet auf dem Dachboden eine Schachtel mit wunderschönen Perlen. Er packt immer 25 in eine kleine durchsichtige Tüte. 10 Tüten werden voll. Die will er beim Schulfest verkaufen. Wie viele Perlen kann man bei Lukas kaufen?

A:

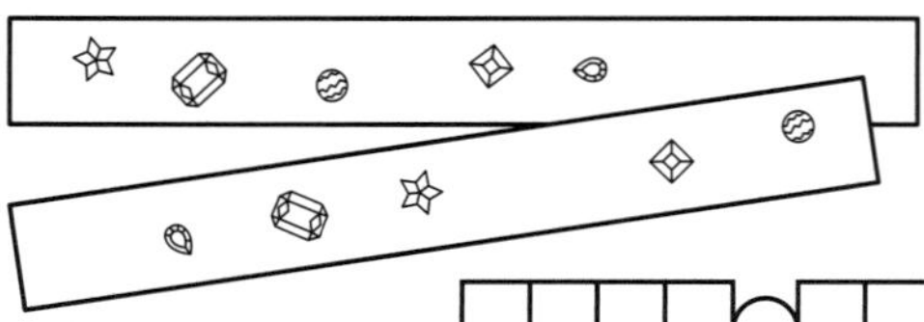

Hanna hat lange Zeit Glitzersteine gesammelt. Nun gefallen sie ihr nicht mehr. Sie klebt immer 5 Steine auf ein Stück Klebeband. Am Ende hat sie sogar 100 beklebte Streifen. Wie viele Glitzersteine kann Hanna verkaufen?

A:

Ich denke an eine Zahl. Du kannst sie errechnen, wenn du 87 mit 10 malnimmst. Das ist doch wirklich nicht schwer, oder?

A:

Hundert mal die 8, das ist schnell gemacht. Sicher weißt du, was zu tun ist!

A:

Meine Zahl findest du so: 36 wird mit 10 malgenommen!

A:

Diese Zahl, die mag ich sehr, zu errechnen ist sie schwer: Hundert mal die 10, das ist viel, du wirst schon sehen!

A:

978-3-589-15399-2 | Kistler/Schneider: Rechnen ohne Stolperstein, Band 5B. Illustrationen: Anja Lindemann

:10 **eine** Stelle nach rechts

1000

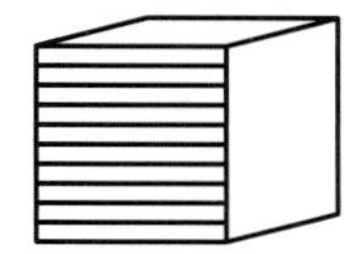

Z/H : 10

20 : 10 = ☐☐☐

H	Z	E
	10 :10 →	① ◯ ◯ ◯ ◯ ◯ ◯ ◯ ◯ ◯
	10 :10 →	① ◯ ◯ ◯ ◯ ◯ ◯ ◯ ◯ ◯

200 : 10 = ☐☐☐

H	Z	E
100 :10 →	10 ☐ ☐ ☐ ☐ ☐ ☐ ☐ ☐ ☐	
100 :10 →	10 ☐ ☐ ☐ ☐ ☐ ☐ ☐ ☐ ☐	

H	Z	E
	10 10 10 →	

30 : 10 = ☐☐☐

H	Z	E

H	Z	E
	10 10 10 10 →	

40 : 10 = ☐☐☐

H	Z	E

H	Z	E
	10 10 10 10 10 →	

50 : 10 = ☐☐☐

H	Z	E

H	Z	E
100 100 100 →		

300 : 10 = ☐☐☐

H	Z	E

H	Z	E
100 100 100 100 →		

400 : 10 = ☐☐☐

H	Z	E

H	Z	E
100 100 100 100 100 →		

500 : 10 = ☐☐☐

H	Z	E

:10 **eine** Stelle nach rechts

H	Z	E
	10 10 10 10 ⇨	

40 : 10 = ☐☐☐

H	Z	E
		4

H	Z	E

70 : 10 = ☐☐☐

H	Z	E

1000

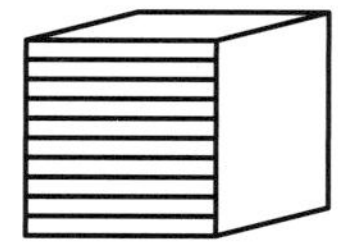

Z/H (:) 10/100

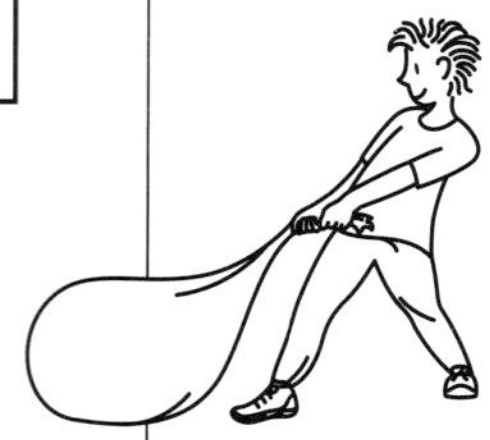

H	Z	E

30 : 10 = ☐☐☐

H	Z	E

H	Z	E

80 : 10 = ☐☐☐

H	Z	E

H	Z	E

10 : 10 = ☐☐☐

H	Z	E

:100 **zwei** Stellen nach rechts

H	Z	E
100 100 100 100	⇨	

400 : 100 = ☐☐☐

H	Z	E
		4

H	Z	E

600 : 100 = ☐☐☐

H	Z	E

H	Z	E

300 : 100 = ☐☐☐

H	Z	E

H	Z	E

900 : 100 = ☐☐☐

H	Z	E

H	Z	E

800 : 100 = ☐☐☐

H	Z	E

H	Z	E

500 : 100 = ☐☐☐

H	Z	E

978-3-589-15399-2 | Kistler / Schneider: Rechnen ohne Stolperstein, Band 5B. Illustrationen: Anja Lindemann

:10 **eine** Stelle nach rechts

1000

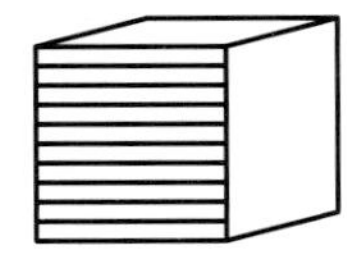

H/HZ : 10/100

H	Z	E
100 100 ⇨	10 10 10 10 10 ⇨	

250 : 10 = ☐☐☐

H	Z	E
	2	5

H	Z	E

460 : 10 = ☐☐☐

H	Z	E

H	Z	E

890 : 10 = ☐☐☐

H	Z	E

H	Z	E

680 : 10 = ☐☐☐

H	Z	E

H	Z	E

430 : 10 = ☐☐☐

H	Z	E

:10 :100 **eine oder zwei** Stellen nach rechts

H	Z	E

700 : 100 = ☐☐☐

H	Z	E

H	Z	E

500 : 10 = ☐☐☐

H	Z	E

H	Z	E

740 : 10 = ☐☐☐

H	Z	E

H	Z	E

460 : 10 = ☐☐☐

H	Z	E

H	Z	E

800 : 100 = ☐☐☐

H	Z	E

:10 :100 **eine oder zwei** Stellen nach rechts

1000

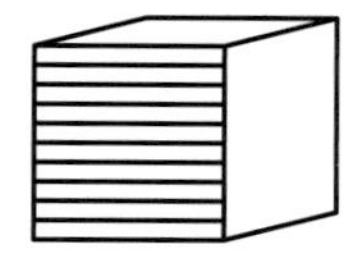

Z/H/HZ : 10/100

H	Z	E
100 100 100 100 100		

500 : 100 = ☐☐☐

H	Z	E

H	Z	E

50 : 10 = ☐☐☐

H	Z	E

H	Z	E

550 : 10 = ☐☐☐

H	Z	E

H	Z	E

500 : 10 = ☐☐☐

H	Z	E

H	Z	E

540 : 10 = ☐☐☐

H	Z	E

:10 :100 **eine oder zwei** Stellen nach rechts

H	Z	E

880 : 100 = ☐☐☐

H	Z	E

H	Z	E

800 : 100 = ☐☐☐

H	Z	E

H	Z	E

780 : 10 = ☐☐☐

H	Z	E

H	Z	E

80 : 10 = ☐☐☐

H	Z	E

H	Z	E

800 : 10 = ☐☐☐

H	Z	E

978-3-589-15399-2 | Kistler/Schneider: Rechnen ohne Stolperstein, Band 5B. Illustrationen: Anja Lindemann

:10 :100 **eine oder zwei** Stellen nach rechts

1000

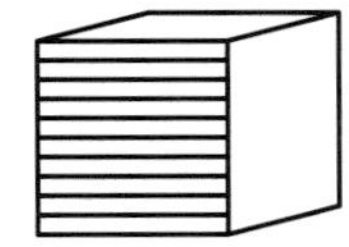

Z/H/HZ (:) 10/100

40 : 10 =
400 : 10 =
400 : 100 =
440 : 10 =
450 : 10 =

60 : 10 =
600 : 100 =
660 : 10 =
600 : 10 =
650 : 10 =

70 : 10 =
700 : 10 =
700 : 100 =
770 : 10 =
750 : 10 =

90 : 10 =
900 : 100 =
990 : 10 =
900 : 10 =
950 : 10 =

50 : 10 =
500 : 100 =
550 : 10 =
500 : 10 =
510 : 10 =

:10 :100 **eine oder zwei** Stellen nach rechts

100 : 100 =
370 : 10 =
290 : 10 =
920 : 10 =
800 : 100 =
80 : 10 =
530 : 10 =
430 : 10 =
200 : 10 =
960 : 10 =

130 : 10 =
840 : 10 =
200 : 100 =
30 : 10 =
490 : 10 =
1000 : 10 =
300 : 10 =
10 : 10 =
620 : 10 =
100 : 10 =

1000 : 100 =
710 : 10 =
240 : 10 =
190 : 10 =
300 : 100 =
1000 : 1000 =

Sachaufgaben

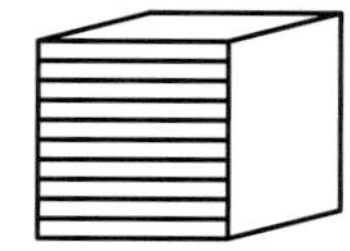

1000

Z/H/HZ : 10/100

Lena verkauft Legosteine, die sie nicht mehr braucht. Insgesamt sind es 120 bunte Steine. Sie steckt immer 10 Steine zu einem Turm zusammen und verkauft diese. Wie viele Türme kann sie anbieten?

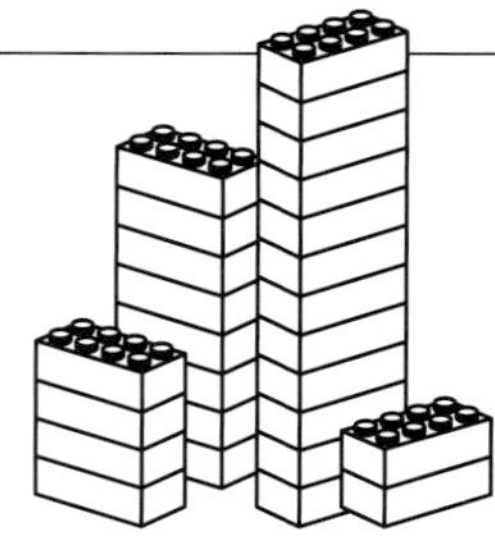

A:

Eva will ihre Sammelbilder von Spielern verschiedener Fußballmannschaften verkaufen. Sie hat 400 Bilder und bindet jeweils 100 mit einem Gummi zusammen. Wie viele Päckchen kann sie auf dem Flohmarkt verkaufen?

A:

Peter soll auf dem Flohmarkt die Ringe seiner Schwester verkaufen. Sie hat ihm 30 Stück mitgegeben. Damit er schneller mit dem Verkauf fertig wird, möchte er immer 10 auf einmal verkaufen. Wie viele Käufer muss er finden?

A:

Meine Zahl erhältst du so:
Teile 700 durch 100.

A:

Diese Zahl kannst du leicht berechnen:
Teile einfach 720 durch 10.

A:

Schwer ist das wirklich nicht, denn
du kannst 840 durch 10 teilen.

A:

Eine ganz besondere Zahl sollst du für mich teilen. Die Tausend
geteilt durch 100. Was kommt dabei wohl heraus?

A:

978-3-589-15399-2 | Kistler/Schneider: Rechnen ohne Stolperstein, Band 5B. Illustrationen: Anja Lindemann

· 10   : 10   Mal oder geteilt?

1000

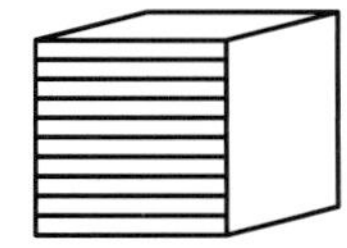

10/100

T	H	Z	E
			1 1 1 1 1

$5 \cdot 10 =$ ☐☐☐☐

T	H	Z	E

T	H	Z	E
	100 100 100	10 10	

$320 : 10 =$ ☐☐☐☐

T	H	Z	E

T	H	Z	E

$700 : 10 =$ ☐☐☐☐

T	H	Z	E

T	H	Z	E

$21 \cdot 10 =$ ☐☐☐☐

T	H	Z	E

T	H	Z	E

$350 : 10 =$ ☐☐☐☐

T	H	Z	E

· 10   : 10   Mal oder geteilt?

T	H	Z	E

$5 \cdot 100 =$ ☐☐☐☐

T	H	Z	E

T	H	Z	E

$700 : 100 =$ ☐☐☐☐

T	H	Z	E

T	H	Z	E

$1000 : 100 =$ ☐☐☐☐

T	H	Z	E

T	H	Z	E

$800 : 100 =$ ☐☐☐☐

T	H	Z	E

T	H	Z	E

$400 : 100 =$ ☐☐☐☐

T	H	Z	E

T	H	Z	E

$10 : 100 =$ ☐☐☐☐

T	H	Z	E

978-3-589-15399-2 | Kistler/Schneider: Rechnen ohne Stolperstein, Band 3b. Illustrationen: Anja Lindemann

· 10/100 :

1000

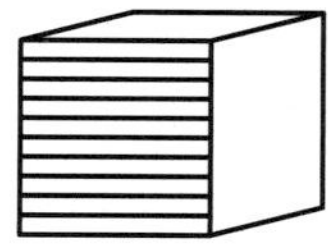

10/100

1000 : 10 = ___	4 · 100 = ___	1000 : 100 = ___
35 : 10 = ___	35 · 10 = ___	6 · 100 = ___
58 · 10 = ___	500 : 100 = ___	98 · 10 = ___
63 : 10 = ___	63 · 10 = ___	500 : 10 = ___
700 : 10 = ___	800 : 10 = ___	40 · 10 = ___
700 : 100 = ___	50 · 10 = ___	99 · 10 = ___
36 · 10 = ___		1000 : 1000 = ___
580 : 10 = ___		
800 : 100 = ___		
100 · 10 = ___		

· 10/100 : Wie lautet der Lösungssatz?

580 : 10 = ___	H 85	O 58
1000 : 100 = ___	F 1	H 10
7 · 100 = ___	I 70	A 700
560 : 10 = ___	L 56	S 560
300 : 100 = ___	E 30	L 3
32 · 10 = ___	E 320	R 32
48 · 10 = ___	A 84	F 480
5 · 100 = ___	E 500	O 50
100 : 100 = ___	Q 10	H 1
490 : 10 = ___	U 490	L 49

6 · 100 = ___	N 60	E 600
420 : 10 = ___	R 42	X 24
800 : 100 = ___	D 80	G 8
12 · 10 = ___	E 120	I 210
26 · 10 = ___	W 620	F 260
720 : 10 = ___	K 27	U 72
400 : 100 = ___	N 4	L 40
34 · 10 = ___	V 30	D 340
10 · 100 = ___	A 100	E 1000
1 · 100 = ___	N 100	S 1000

Lösungssatz: __ __ , __ !

978-3-589-15399-2 | Kistler/Schneider: Rechnen ohne Stolperstein, Band 5B, Illustrationen: Anja Lindemann

Sachaufgaben

1000

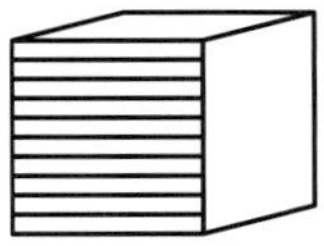

10/100

Die Eltern haben für das Schulfest fleißig gebacken. Es werden 160 Tortenstücke verkauft. Eine Torte ist immer in 10 Stücke zerschnitten. Wie viele Torten haben die Eltern spendiert?

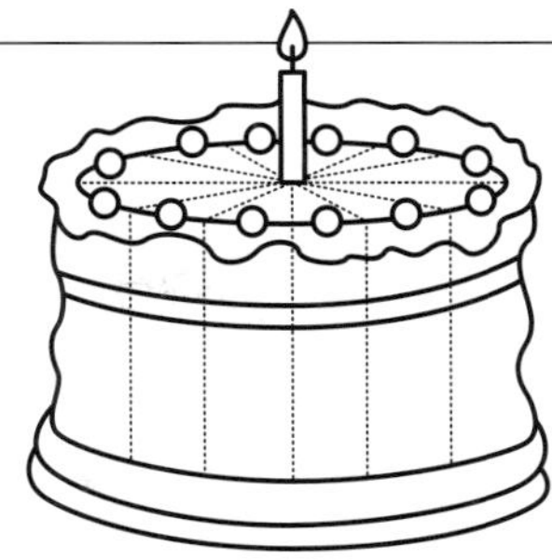

A:

Auch leckere Blechkuchen verkaufen die Eltern. 10 Blechkuchen stehen bereit. Jeder Blechkuchen kann in 24 Stücke zerschnitten werden. Wie viele Kuchenstücke können verkauft werden?

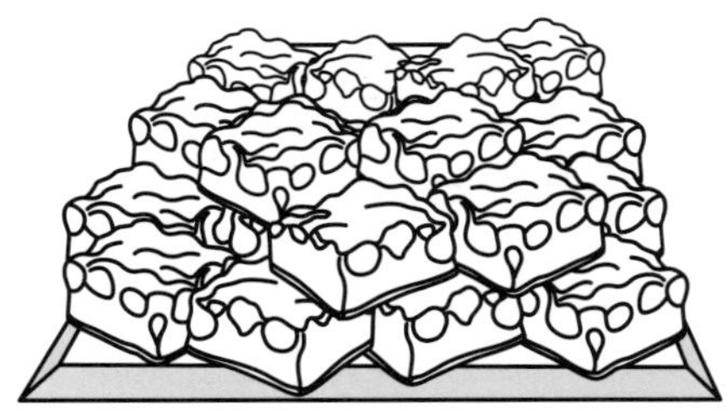

A:

Am Getränkestand stehen 100 Kästen mit verschiedenen Getränken bereit. In jedem Träger sind 10 Flaschen. Wie viele Flaschen stehen für die durstigen Kinder und Erwachsenen bereit?

A:

Für die Klassenkasse verkaufen die großen Schüler und Schülerinnen selbst gestrickte Socken. Sie nehmen 100 Euro ein. Jedes Paar Socken wurde für 10 Euro verkauft. Wie viele Paar Socken haben die fleißigen Schüler und Schülerinnen gestrickt?

A:

Die dritten Klassen haben für das Fest wunderschöne bunte Sträuße mit Papierblumen gebunden. In jedem Strauß sind 6 Blumen. Die Kinder haben es geschafft, 100 Sträuße herzustellen. Wie viele Blumen haben sie gebastelt?

A:

Die Klasse 4 verkauft selbst bedruckte Karten. Den Erlös soll die Partnerschule in Haiti bekommen. Immer 10 Karten werden zusammen in einer Packung angeboten. Schon mittags sind alle 300 Karten weg. Wie viele Zehnerpäckchen haben die Kinder verkauft?

A:

978-3-589-15399-2 | Kistler / Schneider: Rechnen ohne Stolperstein

Kleine Aufgaben: 1 · 1 mit 2/4/8

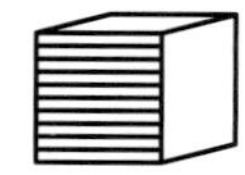

1000

Wiederholung Kleines 1 · 1

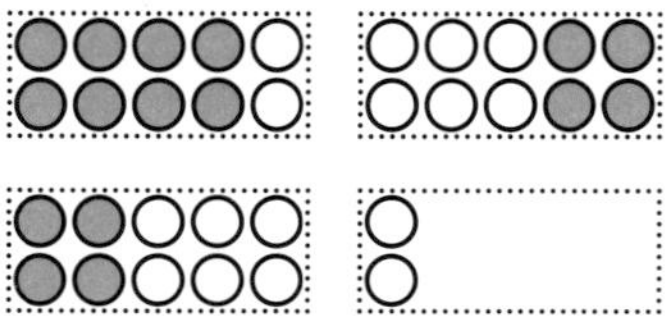

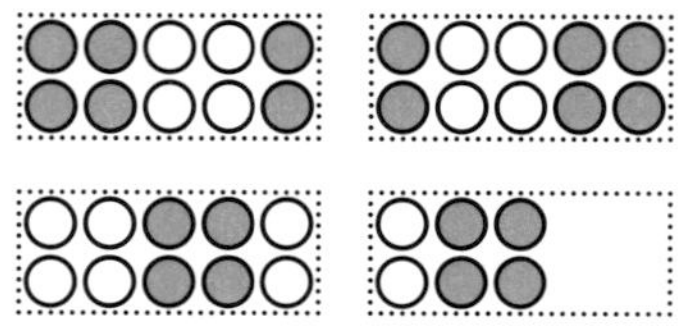

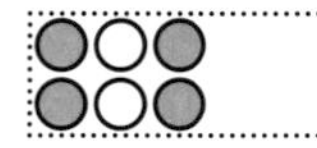

4 · 8 = ☐☐	9 · 4 = ☐☐	3 · 2 = ☐☐
2 · 8 = ☐☐	**2 · 4 =** ☐☐	**2 · 2 =** ☐☐
5 · 8 = ☐☐	**5 · 4 =** ☐☐	**5 · 2 =** ☐☐
10 · 8 = ☐☐	**10 · 4 =** ☐☐	**10 · 2 =** ☐☐
3 · 8 = ☐☐	7 · 4 = ☐☐	4 · 2 = ☐☐
7 · 8 = ☐☐	6 · 4 = ☐☐	6 · 2 = ☐☐
8 · 8 = ☐☐	3 · 4 = ☐☐	8 · 2 = ☐☐
6 · 8 = ☐☐	8 · 4 = ☐☐	7 · 2 = ☐☐
9 · 8 = ☐☐	4 · 4 = ☐☐	9 · 2 = ☐☐

3 · 4 = ☐☐	3 · 2 = ☐☐	6 · 8 = ☐☐	6 · 4 = ☐☐
5 · 8 = ☐☐	4 · 4 = ☐☐	5 · 4 = ☐☐	8 · 8 = ☐☐
6 · 2 = ☐☐	2 · 2 = ☐☐	7 · 2 = ☐☐	5 · 2 = ☐☐
7 · 8 = ☐☐	10 · 4 = ☐☐	4 · 2 = ☐☐	9 · 4 = ☐☐
2 · 8 = ☐☐	8 · 2 = ☐☐	3 · 8 = ☐☐	2 · 4 = ☐☐

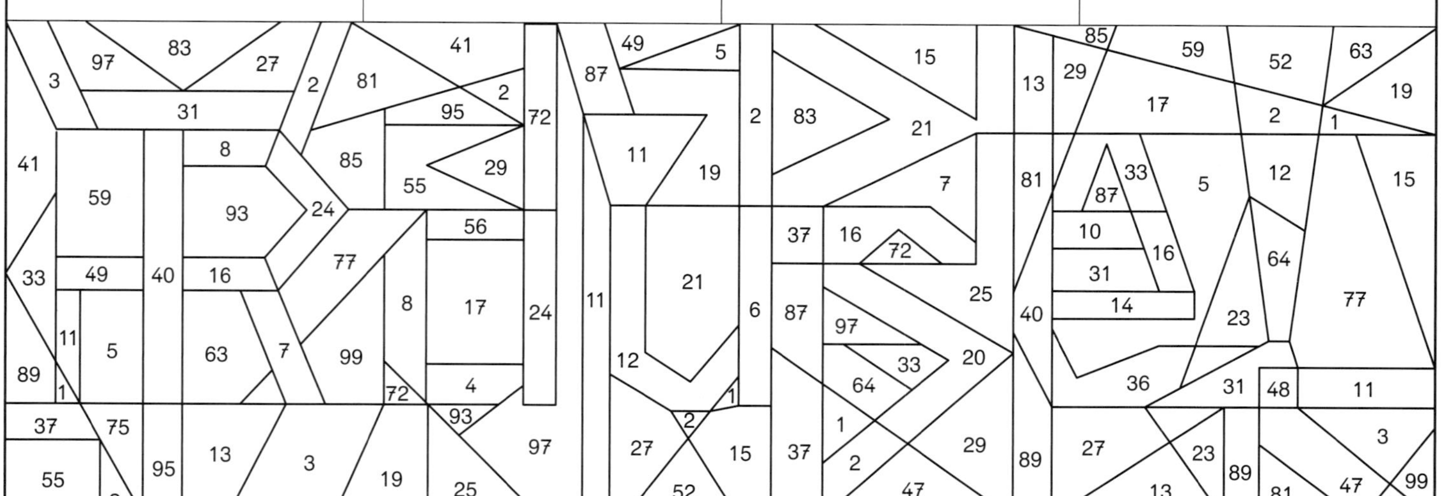

978-3-589-15399-2 | Kistler/Schneider: Rechnen ohne Stolperstein, Band 5B. Illustrationen: Anja Lindemann

Kleine Aufgaben: 1 · 1 mit 3/6/9

1000

Wiederholung Kleines 1 · 1

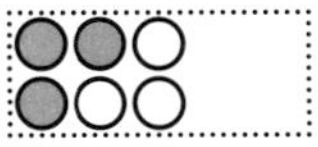

2 · 3 = ☐☐

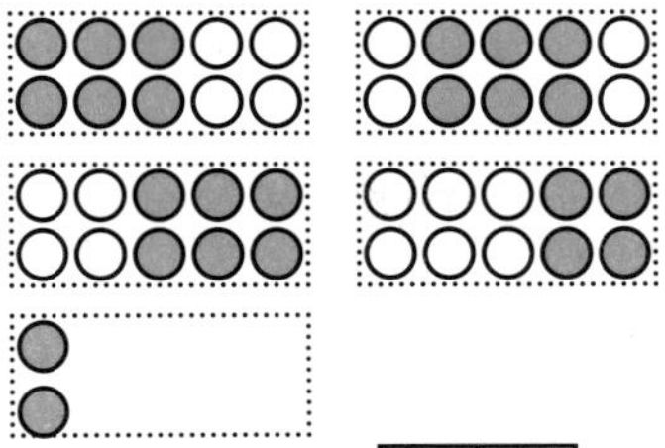

7 · 6 = ☐☐

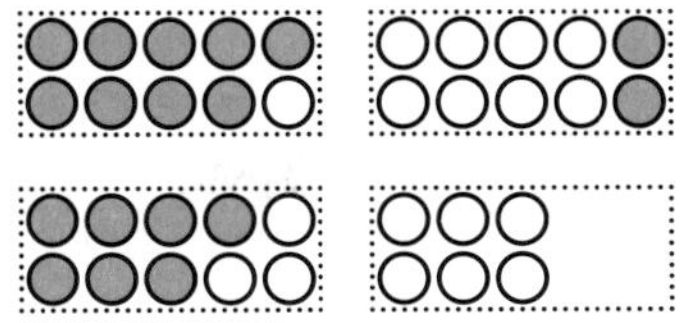

4 · 9 = ☐☐

5 · 3 = ☐☐	**2 · 6 =** ☐☐	**2 · 9 =** ☐☐
10 · 3 = ☐☐	**5 · 6 =** ☐☐	**5 · 9 =** ☐☐
4 · 3 = ☐☐	**10 · 6 =** ☐☐	**10 · 9 =** ☐☐
9 · 3 = ☐☐	4 · 6 = ☐☐	3 · 9 = ☐☐
3 · 3 = ☐☐	8 · 6 = ☐☐	7 · 9 = ☐☐
6 · 3 = ☐☐	9 · 6 = ☐☐	6 · 9 = ☐☐
8 · 3 = ☐☐	3 · 6 = ☐☐	8 · 9 = ☐☐
7 · 3 = ☐☐	6 · 6 = ☐☐	9 · 9 = ☐☐

Wie lautet der Lösungssatz? Trage den Buchstaben mit dem richtigen Ergebnis unten ein!

5 · 6 =	☐☐	D 30 / O 29
7 · 9 =	☐☐	B 64 / A 63
8 · 3 =	☐☐	R 22 / S 24
3 · 9 =	☐☐	K 27 / E 25
2 · 3 =	☐☐	A 6 / V 9
4 · 6 =	☐☐	D 26 / N 24
9 · 6 =	☐☐	N 54 / U 56
10 · 9 =	☐☐	S 90 / C 80
4 · 3 =	☐☐	Z 14 / T 12

6 · 6 =	☐☐	I 34 / D 36
8 · 9 =	☐☐	U 72 / M 81
9 · 3 =	☐☐	A 27 / N 36
7 · 6 =	☐☐	T 48 / B 42
2 · 9 =	☐☐	E 18 / L 16
10 · 6 =	☐☐	O 80 / R 60
5 · 3 =	☐☐	S 25 / N 15
8 · 6 =	☐☐	I 46 / O 48
9 · 9 =	☐☐	C 81 / Q 90

3 · 3 =	☐☐	F 6 / H 9
5 · 9 =	☐☐	S 45 / W 47
7 · 3 =	☐☐	E 21 / B 20
2 · 6 =	☐☐	H 12 / X 10
4 · 9 =	☐☐	E 40 / R 36
6 · 9 =	☐☐	G 54 / C 55
10 · 3 =	☐☐	U 30 / G 20
3 · 6 =	☐☐	A 19 / T 18
6 · 9 =	☐☐	! 54 / ? 55

Lösungssatz: ____

978-3-589-15399-2 | Kistler/Schneider: Rechnen ohne Stolperstein, Band 5B. Illustrationen: Anja Lindemann

Kleine Aufgaben: 1 · 1 mit 7 und gemischte Aufgaben!

1000

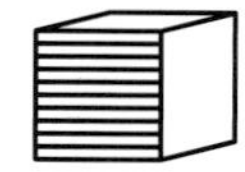

Wiederholung Kleines 1 · 1

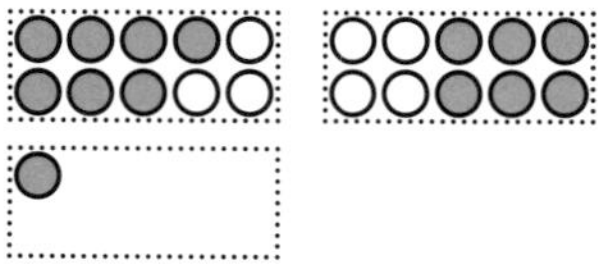

3 · 7 = ☐☐

2 · 7 = ☐☐	6 · 7 = ☐☐
5 · 7 = ☐☐	4 · 7 = ☐☐
10 · 7 = ☐☐	7 · 7 = ☐☐
8 · 7 = ☐☐	9 · 7 = ☐☐

5 · 9 = ☐☐	4 · 3 = ☐☐	10 · 9 = ☐☐	7 · 9 = ☐☐
6 · 2 = ☐☐	5 · 7 = ☐☐	7 · 8 = ☐☐	8 · 9 = ☐☐
7 · 6 = ☐☐	9 · 4 = ☐☐	8 · 6 = ☐☐	7 · 4 = ☐☐
9 · 3 = ☐☐	2 · 6 = ☐☐	7 · 3 = ☐☐	6 · 3 = ☐☐
9 · 8 = ☐☐	3 · 3 = ☐☐	4 · 8 = ☐☐	5 · 5 = ☐☐
8 · 4 = ☐☐	2 · 7 = ☐☐	10 · 4 = ☐☐	7 · 2 = ☐☐
5 · 4 = ☐☐	9 · 2 = ☐☐	6 · 7 = ☐☐	4 · 2 = ☐☐

Aufgabentisch:

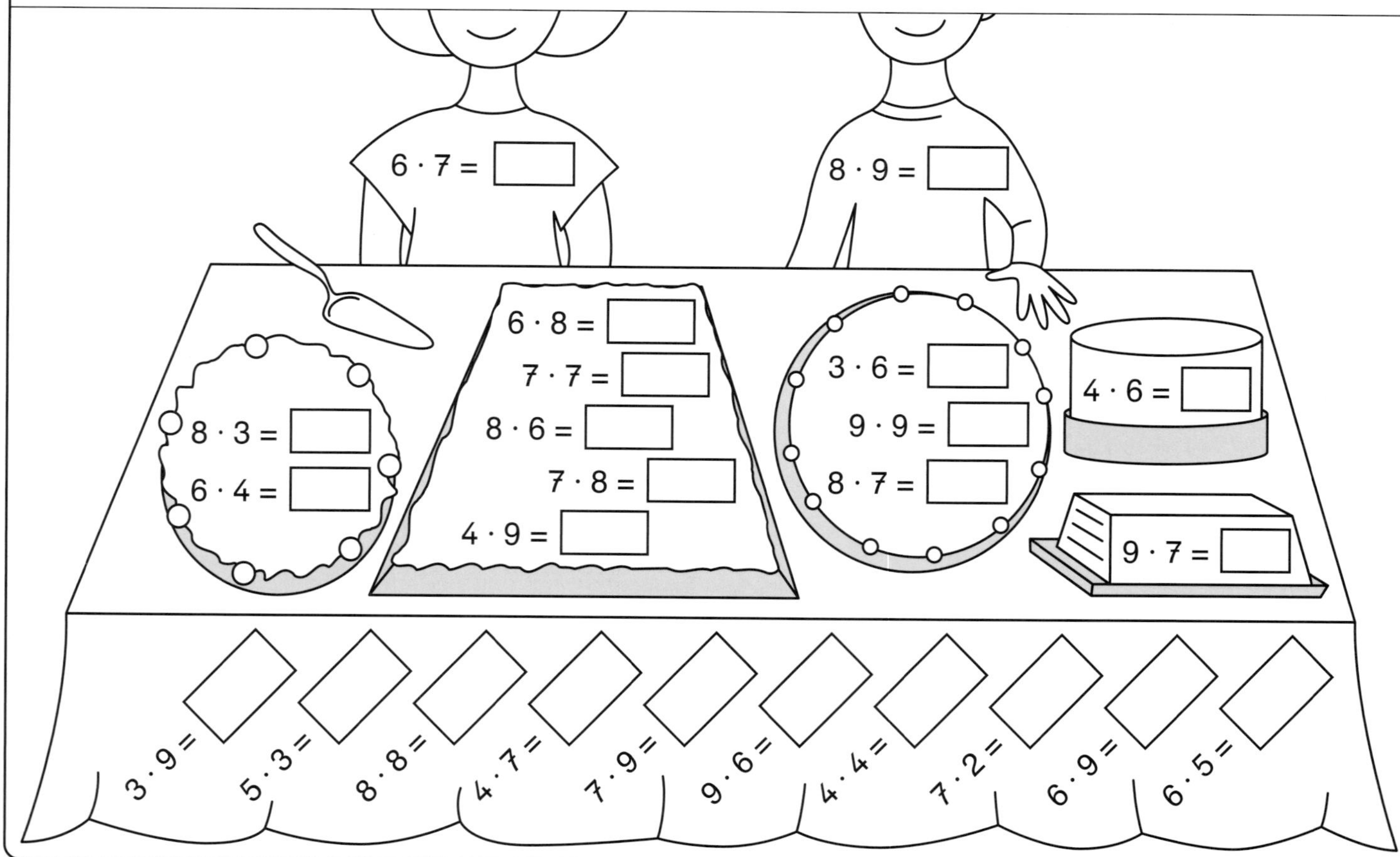

978-3-589-15399-2 | Kistler/Schneider: Rechnen ohne Stolperstein, Band 5B. Illustrationen: Anja Lindemann

Malnehmen mit Zehnern und Hundertern

1000

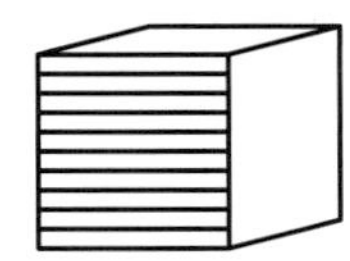

E⊙E/Z/H

$3 \cdot 2 =$

H	Z	E
		6

$3 \cdot 20 =$

H	Z	E

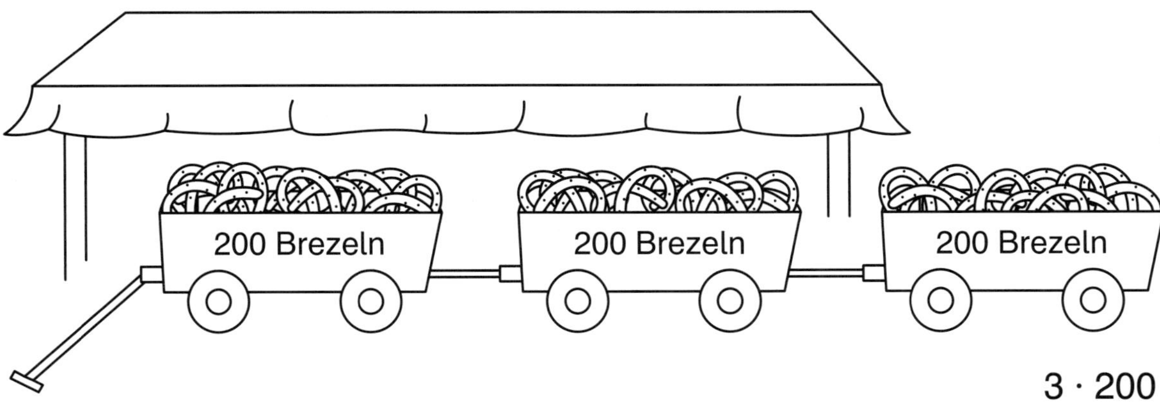

$3 \cdot 200 =$

H	Z	E

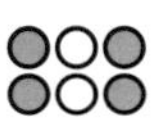

$3 \cdot 2 =$

H	Z	E

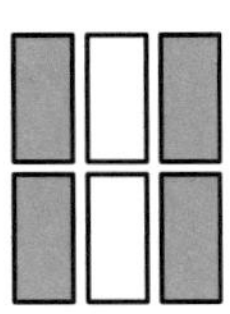

$3 \cdot 20 =$

H	Z	E

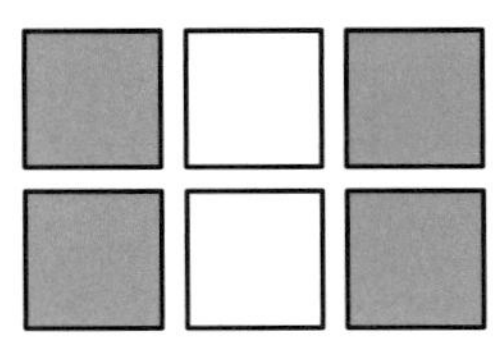

$3 \cdot 200 =$

H	Z	E

$5 \cdot 2 =$

H	Z	E

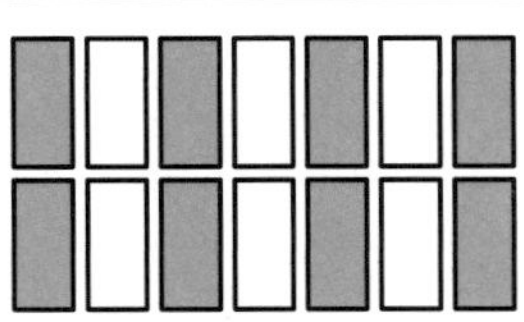

$7 \cdot 20 =$

H	Z	E

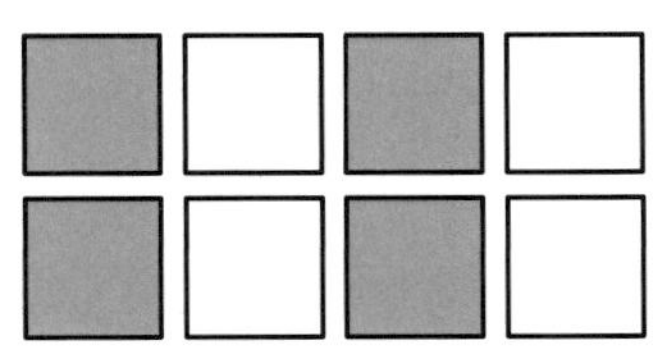

$4 \cdot 200 =$

H	Z	E

Male selbst!

$6 \cdot 2 =$

H	Z	E

$8 \cdot 20 =$

H	Z	E

$5 \cdot 200 =$

T	H	Z	E

978-3-589-15399-2 | Kistler / Schneider: Rechnen ohne Stolperstein, Band 3b. Illustrationen: Anja Lindemann

Malaufgaben mit verschiedenen E|Z|H

1000

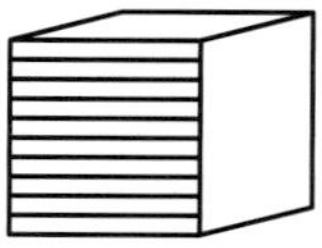

E⊙E/Z/H

3	
9 ·	
8 ·	
7 ·	
6 ·	
5 ·	
4 ·	
3 ·	
2 ·	
1 ·	

30	
9 ·	
8 ·	
7 ·	
6 ·	
5 ·	
4 ·	
3 ·	
2 ·	
1 ·	

300	
3 ·	
2 ·	
1 ·	

4	
9 ·	
6 ·	
1 ·	

40	
7 ·	
3 ·	

400	
1 ·	

5	
2 ·	

50	
8 ·	
4 ·	

500	

7 · 60 = ☐☐☐ 7 · 6 = ☐☐	7 · 40 = ☐☐☐ 7 · 4 = ☐☐	4 · 70 = ☐☐☐ 4 · 7 = ☐☐
6 · 20 = ☐☐☐ ☐ · ☐ = ☐☐	3 · 50 = ☐☐☐ ☐ · ☐ = ☐☐	9 · 90 = ☐☐☐ ☐ · ☐ = ☐☐
6 · 30 = ☐☐☐ ☐ · ☐ = ☐☐	5 · 80 = ☐☐☐ ☐ · ☐ = ☐☐	9 · 40 = ☐☐☐ ☐ · ☐ = ☐☐
4 · 50 = ☐☐☐ ☐ · ☐ = ☐☐	6 · 90 = ☐☐☐ ☐ · ☐ = ☐☐	8 · 60 = ☐☐☐ ☐ · ☐ = ☐☐
6 · 70 = ☐☐☐ ☐ · ☐ = ☐☐	8 · 30 = ☐☐☐ ☐ · ☐ = ☐☐	7 · 80 = ☐☐☐ ☐ · ☐ = ☐☐

978-3-589-15399-2 | Kistler/Schneider: Rechnen ohne Stolperstein, Band 5B. Illustrationen: Anja Lindemann

Die kleine Aufgabe hilft dir!

1000

E⊙E/Z

9 · 70 = ☐☐☐ ☐ · ☐ = ☐☐	5 · 70 = ☐☐☐ ☐ · ☐ = ☐☐	
4 · 90 = ☐☐☐ ☐ · ☐ = ☐☐	2 · 80 = ☐☐☐ ☐ · ☐ = ☐☐	
5 · 40 = ☐☐☐ ☐ · ☐ = ☐☐	8 · 50 = ☐☐☐ ☐ · ☐ = ☐☐	4 · 20 = ☐☐☐ ☐ · ☐ = ☐☐
6 · 80 = ☐☐☐ ☐ · ☐ = ☐☐	3 · 70 = ☐☐☐ ☐ · ☐ = ☐☐	2 · 50 = ☐☐☐ ☐ · ☐ = ☐☐
5 · 20 = ☐☐☐ ☐ · ☐ = ☐☐	3 · 40 = ☐☐☐ ☐ · ☐ = ☐☐	8 · 90 = ☐☐☐ ☐ · ☐ = ☐☐
3 · 30 = ☐☐☐ ☐ · ☐ = ☐☐	10 · 10 = ☐☐☐ ☐ · ☐ = ☐☐	5 · 30 = ☐☐☐ ☐ · ☐ = ☐☐

Male passende Haken und Ringe in gleicher Farbe an!

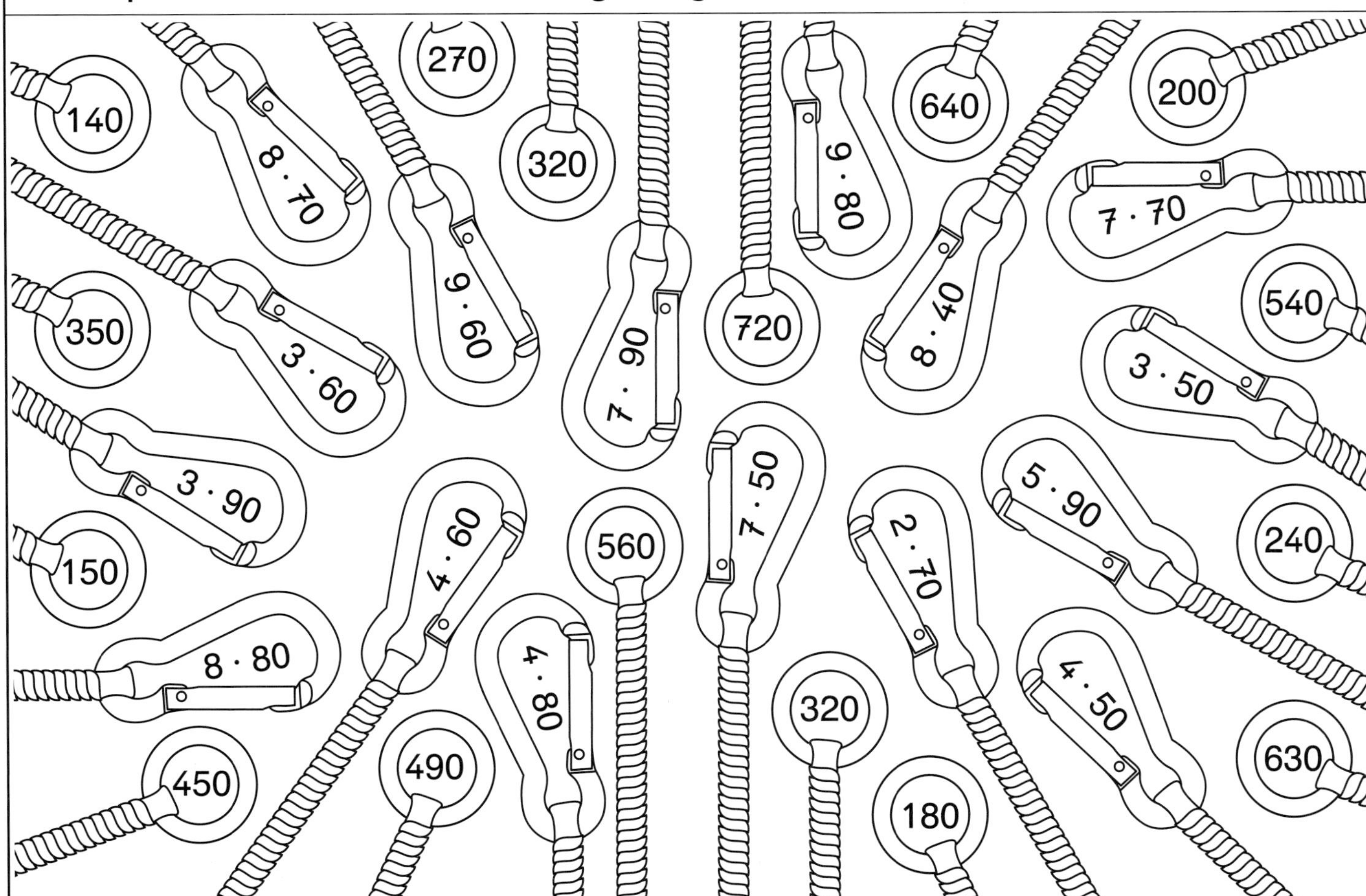

978-3-589-15399-2 | Kistler/Schneider: Rechnen ohne Stolperstein, Band 3b. Illustrationen: Anja Lindenhahn

Rechnen mit der Tauschaufgabe

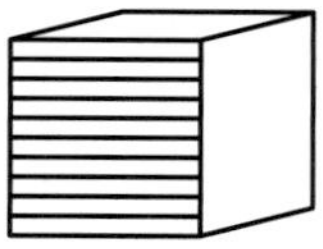

E/Z ⊙ E/Z

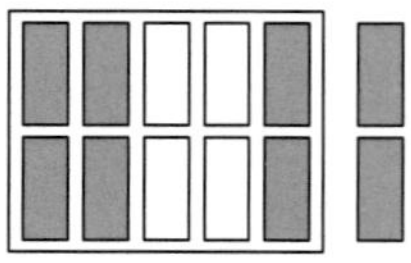  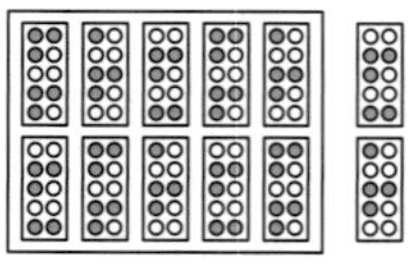

3 · 40 = □□□ 40 · 3 = □□□

4 · 30 = □□□ □□ · □ = □□□	6 · 40 = □□□ □□ · □ = □□□	3 · 50 = □□□ □□ · □ = □□□
7 · 20 = □□□ □□ · □ = □□□	9 · 20 = □□□ □□ · □ = □□□	7 · 50 = □□□ □□ · □ = □□□
5 · 30 = □□□ □□ · □ = □□□	8 · 40 = □□□ □□ · □ = □□□	7 · 30 = □□□ □□ · □ = □□□

Vier Aufgaben – ein Ergebnis

30 · 9 4 · 90 2 · 60 70 · 5 3 · 90 90 · 3 7 · 50 40 · 9 50 · 7 60 · 2 9 · 40 9 · 30 5 · 70 20 · 6 6 · 20 90 · 4

□□ · □□ = 270
□□ · □□ = □□□
□□ · □□ = □□□
□□ · □□ = □□□

□□ · □□ = 350
□□ · □□ = □□□
□□ · □□ = □□□
□□ · □□ = □□□

8 · 30 = □□□
30 · 8 = □□□
3 · 80 = □□□
80 · 3 = □□□

□□ · □□ = 120
□□ · □□ = □□□
□□ · □□ = □□□
□□ · □□ = □□□

□□ · □□ = 360
□□ · □□ = □□□
□□ · □□ = □□□
□□ · □□ = □□□

978-3-589-15399-2 | Kistler/Schneider: Rechnen ohne Stolperstein, Band 5B. Illustrationen: Anja Lindemann

Sachaufgaben

1000

E/Z/H ⊙ E/Z

Die zweiten Klassen haben selbst Geschenkpapier bedruckt. Sie waren im Werkunterricht wirklich fleißig und haben 70 Bögen geschafft. An ihrem Stand verkaufen sie das Geschenkpapier für 2 Euro pro Bogen. Wie viel Geld nehmen die Kinder ein, wenn sie alle Bögen verkaufen?

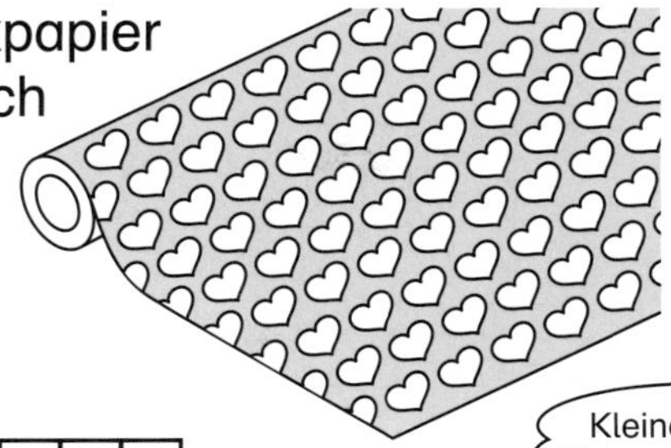

Kleine Aufgabe!

A:

Die achten Klassen sind besonders gut im Rechnen und dürfen deshalb die Essensmarken verkaufen. Jede Essensmarke wird für 3 Euro verkauft. Insgesamt wurden 200 Essensmarken bereitgestellt. Wie viel muss in der Kasse sein, wenn alle Marken verkauft sind?

A:

Die ersten Klassen haben Wäscheklammern ganz einfallsreich verziert. Sie verkaufen immer 5 Schmuckklammern auf einem Pappstreifen. Mit den gebastelten Klammern konnten sie 30 Streifen zusammenstellen. Wie viele Klammern haben die Kinder gebastelt?

A:

Wenn du die Zahl 300 nimmst und diese mit 3 malnimmst, dann weißt du meine Zahl!

A:

Jetzt sage ich dir, an welche Zahl ich denke: Stelle dir die Zahl 40 vor und rechne sie mal drei. Welche Zahl habe ich mir gedacht?

A:

Ich nehme fünf mal 70 oder 70 mal fünf. Wie heißt meine Zahl?

A:

Ich verdopple 500! Sicher weißt du sofort, an welche Zahl ich denke!

A:

Teilen mit verschiedenen Zehnern und Hundertern

1000

E/Z/H : E/Z/H

6 : 2 = ☐

60 : 20 = ☐

6 : 2 = ☐

600 : 200 = ☐

☐ : ☐ = ☐

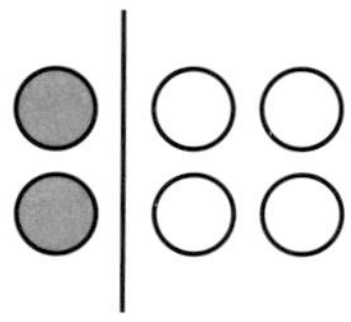

6 : 2 = ☐

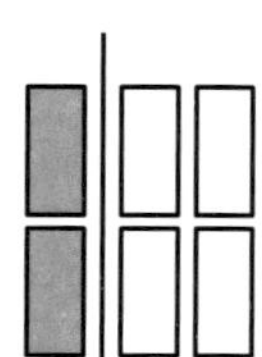

60 : 20 = ☐

☐ : ☐ = ☐

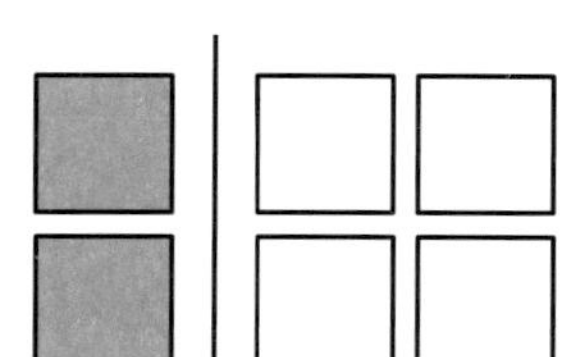

600 : 200 = ☐

☐ : ☐ = ☐

Die kleine Aufgabe hilft dir!

800 : 400 = ☐

☐ : ☐ = ☐

80 : 40 = ☐

☐ : ☐ = ☐

900 : 300 = ☐

☐ : ☐ = ☐

90 : 30 = ☐

☐ : ☐ = ☐

1000 : 500 = ☐

☐☐ : ☐ = ☐

100 : 50 = ☐

☐☐ : ☐ = ☐

978-3-589-15399-2 | Kistler/Schneider: Rechnen ohne Stolperstein, Band 5B. Illustrationen: Anja Lindemann

Eine kleine Aufgabe – viele große Aufgaben

Achte auf die Stellenwerte! H Z E

600 : 300 = ☐
600 : 30 = ☐☐
600 : 3 = ☐☐☐
6 : 3 = ☐

800 : 200 = ☐
800 : 20 = ☐☐
800 : 2 = ☐☐☐
☐ : ☐ = ☐

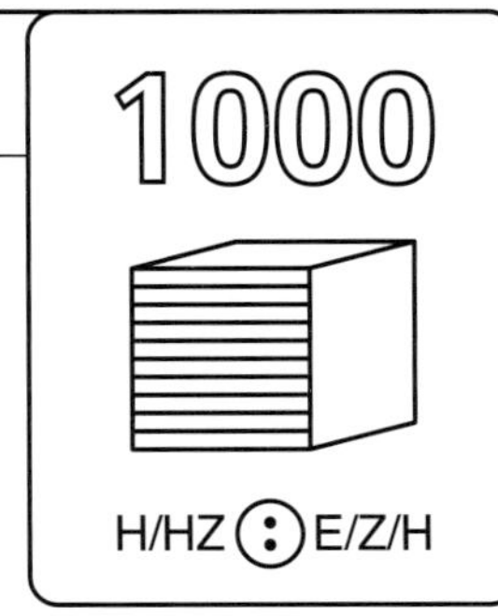

900 : 300 = ☐
900 : 30 = ☐☐
900 : 3 = ☐☐☐
☐ : ☐ = ☐

1000 : 500 = ☐
1000 : 50 = ☐☐
1000 : 5 = ☐☐☐
☐☐ : ☐ = ☐

900 : 900 = ☐
900 : 90 = ☐☐
900 : 9 = ☐☐☐
☐ : ☐ = ☐

Achtung! H Z E

Kann dein Ergebnis richtig sein? Überlege!

240 : 40 = ☐☐☐
240 : 4 = ☐☐☐
☐☐ : ☐ = ☐

250 : 50 = ☐☐☐
250 : 5 = ☐☐☐
☐☐ : ☐ = ☐

150 : 30 = ☐☐☐
150 : 3 = ☐☐☐
☐☐ : ☐ = ☐

120 : 40 = ☐☐☐
120 : 4 = ☐☐☐
☐☐ : ☐ = ☐

180 : 60 = ☐☐☐
180 : 6 = ☐☐☐
☐☐ : ☐ = ☐

210 : 70 = ☐☐☐
210 : 7 = ☐☐☐
☐☐ : ☐ = ☐

160 : 80 = ☐☐☐
160 : 8 = ☐☐☐
☐☐ : ☐ = ☐

450 : 90 = ☐☐☐
450 : 9 = ☐☐☐
☐☐ : ☐ = ☐

160 : 20 = ☐☐☐
160 : 2 = ☐☐☐
☐☐ : ☐ = ☐

Finde passende Aufgaben!

1000

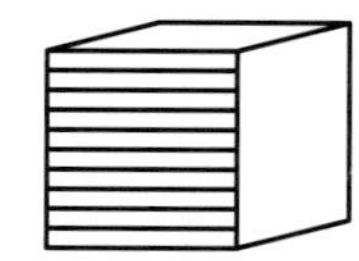

ZE/HZ : E/Z

160 : 40 = ☐☐☐
160 : 4 = ☐☐☐
16 : 4 = ☐

☐☐☐ : ☐☐ = ☐☐☐
☐☐☐ : ☐ = ☐☐☐
35 : 7 = ☐

☐☐☐ : ☐☐ = ☐☐☐
☐☐☐ : ☐ = ☐☐☐
64 : 8 = ☐

☐☐☐ : ☐☐ = ☐☐☐
☐☐☐ : ☐ = ☐☐☐
45 : 5 = ☐

☐☐☐ : ☐☐ = ☐☐☐
☐☐☐ : ☐ = ☐☐☐
16 : 8 = ☐

☐☐☐ : ☐☐ = ☐☐☐
☐☐☐ : ☐ = ☐☐☐
24 : 6 = ☐

☐☐☐ : ☐☐ = ☐☐☐
☐☐☐ : ☐ = ☐☐☐
81 : 9 = ☐

☐☐☐ : ☐☐ = ☐☐☐
☐☐☐ : ☐ = ☐☐☐
14 : 2 = ☐

Verbinde Korb und Ball! Male immer zwei passende Körbe und Bälle gleich an!

Körbe:
560 : 8 =
480 : 8 =
280 : 7 =
720 : 90 =
720 : 9 =
420 : 7 =
480 : 6 =
540 : 6 =
280 : 7 =
480 : 80 =
280 : 4 =
480 : 60 =
420 : 70 =
270 : 3 =
560 : 80 =
280 : 40 =
180 : 2 =
540 : 60 =
270 : 30 =
180 : 20 =

Bälle: 6, 40, 70, 80, 70, 9, 8, 80, 40, 90, 7, 8, 90, 90, 6, 9, 60, 7, 9, 60

978-3-589-15399-2 | Kistler/Schneider: Rechnen ohne Stolperstein, Band 5B. Illustrationen: Anja Lindemann

Ein Rest bleibt!

1000

ZE/HZ : E/Z mit Rest

180 : 40 = ☐☐☐ R ☐☐ 18 : 4 = ☐ R ☐	230 : 70 = ☐☐☐ R ☐☐ 23 : 7 = ☐ R ☐	
500 : 80 = ☐☐☐ R ☐☐ 50 : 8 = ☐ R ☐	320 : 50 = ☐☐☐ R ☐☐ 32 : 5 = ☐ R ☐	
380 : 60 = ☐☐☐ R ☐☐ 38 : 6 = ☐ R ☐	190 : 20 = ☐☐☐ R ☐☐ 19 : 2 = ☐ R ☐	280 : 90 = ☐☐☐ R ☐☐ 28 : 9 = ☐ R ☐
510 : 90 = ☐☐☐ R ☐☐ 51 : 9 = ☐ R ☐	110 : 30 = ☐☐☐ R ☐☐ 11 : 3 = ☐ R ☐	260 : 40 = ☐☐☐ R ☐☐ 26 : 4 = ☐ R ☐
560 : 60 = ☐☐☐ R ☐☐ 56 : 6 = ☐ R ☐	660 : 80 = ☐☐☐ R ☐☐ 66 : 8 = ☐ R ☐	160 : 50 = ☐☐☐ R ☐☐ 16 : 5 = ☐ R ☐
280 : 30 = ☐☐☐ R ☐☐ 28 : 3 = ☐ R ☐	470 : 90 = ☐☐☐ R ☐☐ 47 : 9 = ☐ R ☐	480 : 70 = ☐☐☐ R ☐☐ 48 : 7 = ☐ R ☐

Welcher Rest bleibt? Verbinde und male in den gleichen Farben an!

460 : 80 = ☐	320 : 70 = ☐	790 : 90 = ☐	260 : 30 = ☐
410 : 70 = ☐			710 : 90 = ☐
280 : 30 = ☐			330 : 70 = ☐
190 : 20 = ☐			790 : 80 = ☐
300 : 40 = ☐	510 : 60 = ☐	470 : 70 = ☐	380 : 50 = ☐

R 60, R 40, R 20, R 70, R 80, R 10, R 20, R 10, R 30, R 60, R 30, R 50, R 70, R 50

978-3-589-15399-2 | Kistler/Schneider: Rechnen ohne Stolperstein, Band 3B. Illustrationen: Anja Lindemann

Sachaufgaben

1000

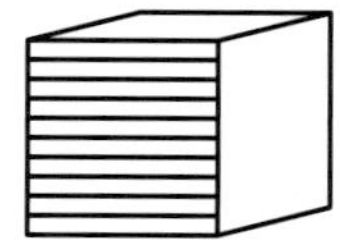

H/HZ : E/Z

Für die Vorführungen in der Turnhalle haben die 40 Jugendlichen der Oberstufenklassen Eintrittskarten gedruckt und ausgeschnitten. Es gibt 320 Eintrittskarten. Wie viele Karten hat jeder Schüler und jede Schülerin gemacht?

A:

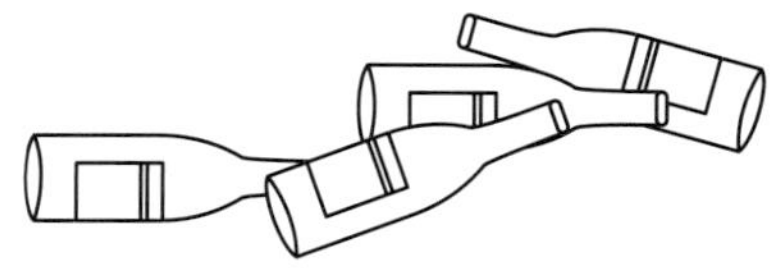

Am Getränkestand stehen die Flaschen wild durcheinander. Die zuständigen Kinder räumen immer 6 leere Saftflaschen in einen Träger. Sie müssen 180 Flaschen aufräumen. Wie viele Träger werden gefüllt?

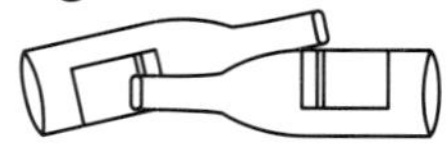

A:

Drei Unterstufenklassen haben an ihrem gemeinsamen Stand 150 Euro eingenommen. Sie teilen das Geld gerecht für ihre Klassenkassen. Wie viel Euro darf jede Klasse mitnehmen?

A:

Obwohl die Kinder 500 Lose angefertigt haben, sind bereits mittags keine mehr da. Auch alle Gewinne wurden schon abgeholt. Es gab keine Einzellose, sondern es wurden immer 5 auf einmal verkauft. Wie viele Leute haben Lose gekauft?

A:

Die sieben Mittelstufenklassen haben an ihrem Stand gemeinsam Selbstgebasteltes angeboten. Beim Kassensturz am Nachmittag waren 280 Euro in der Geldkassette. Natürlich wird gerecht geteilt! Wie viel Euro erhält jede Klasse?

A:

Als das Fest zuende ist, werden die leeren Mineralwasser-Flaschen eingesammelt. Die Kinder tragen 160 Flaschen zusammen. In jeden leeren Träger passen 20 davon. Wie viele Getränkekisten müssen gefüllt werden?

A:

978-3-589-15399-2 | Kistler/Schneider: Rechnen ohne Stolperstein, Band 5B. Illustrationen: Anja Lindemann

Aufgemerkt: gemischte Aufgaben!

1000

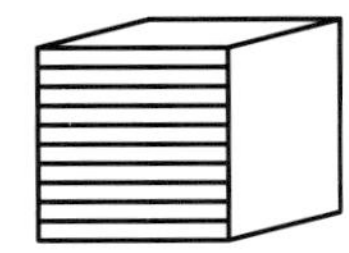

8 · 100 = ☐
800 : 100 = ☐
320 : 8 = ☐
40 · 8 = ☐
47 · 10 = ☐
470 : 10 = ☐

160 : 80 = ☐
2 · 80 = ☐
10 · 100 = ☐
1000 : 100 = ☐
50 · 5 = ☐
250 : 5 = ☐

350 : 7 = ☐
50 · 7 = ☐
560 : 8 = ☐
70 · 8 = ☐
10 · 20 = ☐
200 : 20 = ☐

8 · 20 = ☐
80 : 20 = ☐
800 : 2 = ☐
8 · 4 = ☐
80 · 4 = ☐
800 : 40 = ☐

300 : 6 = ☐
3 · 60 = ☐
30 · 6 = ☐
30 : 10 = ☐
300 : 100 = ☐
3 · 100 = ☐

72 · 10 = ☐
720 : 80 = ☐
36 : 4 = ☐
360 : 40 = ☐
420 : 70 = ☐
42 · 10 = ☐

8 · 50 = ☐
40 · 9 = ☐
640 : 80 = ☐
320 : 4 = ☐
320 : 40 = ☐
6 · 100 = ☐

Rechenflaschen

: 3	
270	
12	
300	

: 30	
270	
150	
90	

· 4	
200	
8	
30	

· 20	
30	
9	
5	

: 5	
1000	
500	
100	

· 30	
10	
4	
9	

· 40	
5	
10	
8	

· 3	
200	
70	
40	

: 40	
160	
360	
80	

· 50	
10	
2	
20	

Aufgabenmix!

1000

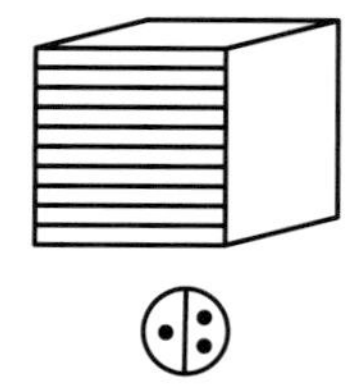

36 · 10 = ☐
810 : 90 = ☐
700 : 70 = ☐
540 : 6 = ☐
7 · 80 = ☐
8 · 40 = ☐

900 : 3 = ☐
3 · 300 = ☐
20 · 50 = ☐
7 · 100 = ☐
210 : 7 = ☐
7 · 3 = ☐

600 : 10 = ☐
8 · 4 = ☐
40 · 8 = ☐
700 : 100 = ☐
720 : 90 = ☐
40 · 5 = ☐

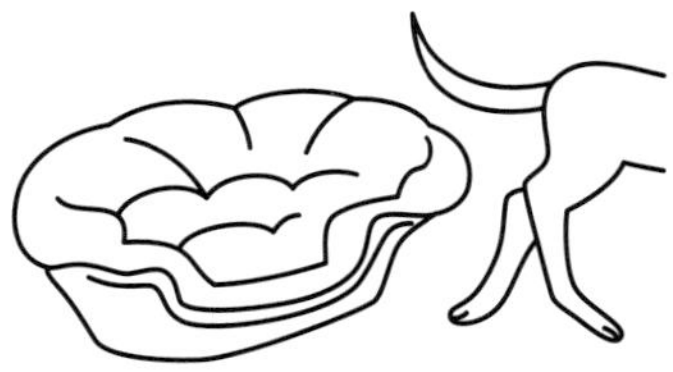

800 : 4 = ☐
180 : 90 = ☐
6 · 40 = ☐
30 · 7 = ☐
560 : 70 = ☐
1000 : 50 = ☐

200 : 5 = ☐
10 · 60 = ☐
90 · 9 = ☐
320 : 40 = ☐
7 · 100 = ☐
240 : 6 = ☐

8 · 90 = ☐
360 : 10 = ☐
5 · 200 = ☐
400 : 8 = ☐
90 · 6 = ☐
300 · 3 = ☐

320 : 8 = ☐
1000 : 5 = ☐
80 · 7 = ☐
210 : 70 = ☐
9 · 20 = ☐
200 · 4 = ☐

Für Spürnasen: Rechne und finde die Aufgaben!

Karten links: 50, 100, 500, 10
10 : 5 = ☐
☐ · 5 = ☐
☐ · 5 = ☐
☐ : 5 = ☐
Karten rechts: 100, 250, 500, 2

Karten links: 200, 500, 440, 20
☐ : 2 = ☐
☐ · 2 = ☐
☐ : 2 = ☐
☐ · 2 = ☐
Karten rechts: 220, 40, 1000, 100

Karten links: 1000, 100, 10, 100
☐ : 10 = ☐
☐ : 10 = ☐
☐ · 10 = ☐
☐ · 10 = ☐
Karten rechts: 10, 100, 1000, 100

Karten links: 280, 20, 360, 10
☐ : 40 = ☐
☐ · 40 = ☐
☐ : 40 = ☐
☐ · 40 = ☐
Karten rechts: 9, 400, 7, 800

Karten links: 50, 180, 210, 90
☐ · 3 = ☐
☐ : 3 = ☐
☐ : 3 = ☐
☐ · 3 = ☐
Karten rechts: 60, 270, 70, 150

978-3-589-15399-2 | Kistler/Schneider: Rechnen ohne Stolperstein, Band 5B. Illustrationen: Anja Lindemann

Verdoppeln Halbieren

1000

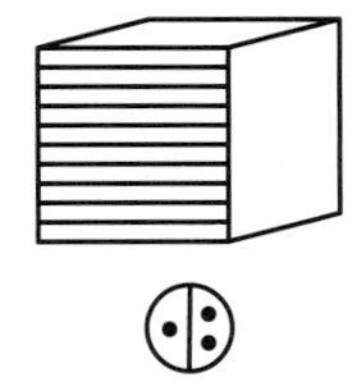

330 · 2 =	230 · 2 =	120 · 2 =
400 · 2 =	80 · 2 =	410 · 2 =
130 · 2 =	220 · 2 =	33 · 2 =
44 · 2 =	50 · 2 =	140 · 2 =
310 · 2 =	300 · 2 =	320 · 2 =
70 · 2 =	420 · 2 =	200 · 2 =

120 : 2 =	1000 : 2 =	460 : 2 =	240 : 2 =
200 : 2 =	80 : 2 =	100 : 2 =	620 : 2 =
666 : 2 =	66 : 2 =	888 : 2 =	80 : 2 =
440 : 2 =	820 : 2 =	640 : 2 =	660 : 2 =
280 : 2 =	400 : 2 =	260 : 2 =	300 : 2 =
44 : 2 =	444 : 2 =	70 : 2 =	840 : 2 =

Immer zwei Hüte passen zusammen: Male in der gleichen Farbe an.

2 · 500 =	125 · 2 =	650 : 2 =	250 · 2 =
900 : 2 =	450 : 2 =	1000 : 2 =	150 · 2 =
700 : 2 =	350 · 2 =	325 · 2 =	300 : 2 =
450 · 2 =	500 : 2 =	225 · 2 =	250 : 2 =

978-3-589-15399-2 | Kistler/Schneider: Rechnen ohne Stolperstein, Band 5B. Illustrationen: Anja Lindemann

Sachaufgaben

1000

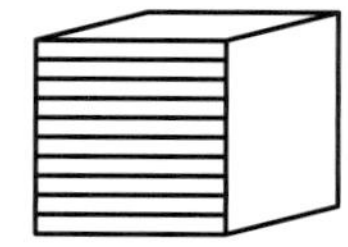

ZE/HZ E/Z/H

In der Klasse 2a kann man Bilderrahmen aus kleinen Zweigen selbst binden. Für jeden Rahmen braucht man 4 Ästchen. Die Kinder haben 240 Zweige geschnitten. Wie viele Rahmen können damit gebastelt werden?

A:

Wer sich ein Traumfängerchen machen möchte, kann das bei den Drittklässlern. Für ein Traumfängerchen benötigt man 6 Federn und 8 Holzperlen. Die Kinder rechnen damit, dass ungefähr 30 Traumfängerchen bei ihnen gebastelt werden. Wie viele Perlen und Federn müssen sie bereitstellen?

A:

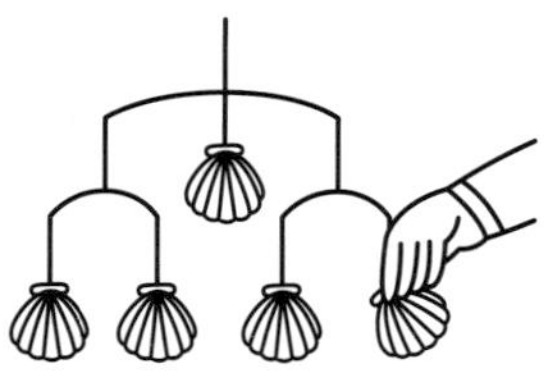

Im Werkunterricht haben Oberstufenkinder ein Mobile aus 20 durchbohrten Muscheln gebaut. Es sind 180 Muscheln übrig geblieben. Die Jugendlichen bieten deshalb einen Stand zum Mobile-Basteln an. Wie viele Mobile können an dieser Station gebaut werden?

A:

Zuerst teile ich 480 durch 80.
Das Ergebnis nehme ich dann mit 70 mal. Das ist meine Zahl!

A:

Ich teile durch 4. Meine Anfangszahl ist 280. Dieses Ergebnis nehme ich mit vier mal. Weißt du was ich herausbekomme?

A:

Neun mal dreißig ist doch einfach! Dann teile ich das Ganze noch durch drei. Nun kennst du meine Zahl!

A:

Ich will eine große Zahl, also nehme ich 200 mal 5. Super! Jetzt teile ich durch 20 und schon wirds wieder klein. Was ist mein Ergebnis? Du weißt es sicher schnell!

A:

978-3-589-15399-2 | Kistler/Schneider: Rechnen ohne Stolperstein, Band 5B. Illustrationen: Anja Lindemann

Achtung, Achtung! Der Supermix!

1000

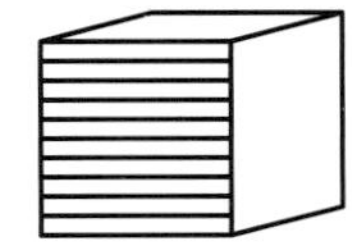

⊙ ⊙ ⊕ ⊖

·	:	–	+
9 · 2 =	45 : 5 =	758 – 300 =	520 + 70 =
4 · 20 =	250 : 50 =	690 – 80 =	321 + 58 =
42 · 10 =	780 : 10 =	683 – 50 =	526 + 213 =
8 · 100 =	600 : 100 =	432 – 121 =	463 + 7 =
40 · 2 =	600 : 2 =	914 – 4 =	
100 · 10 =	1000 : 100 =	278 – 9 =	

Rechne mit den Ergebnissen weiter!

30 · 20 = : 60 = + 884 = – 84 = : 90 =

90 : 10 = · 100 = – 450 = : 5 =

639 – 528 = + 39 = : 50 = · 300 =

Fehlersuche: Streiche falsche Aufgaben aus! Buchstaben der richtigen Aufgaben trage unten ein!

Aufgabe	Buchstabe	Aufgabe	Buchstabe	Aufgabe	Buchstabe
450 + 450 = 900	EI	9 · 100 = 900	E	220 + 69 = 829	A
660 – 120 = 540	N	70 · 2 = 160	O	905 + 50 = 955	CH
56 : 8 = 7	F	8 · 3 = 24	R	68 · 10 = 680	N
400 + 200 = 420	E	800 : 100 = 8	B	810 : 9 = 9	I
72 · 10 = 720	A	1000 : 10 = 10	L	736 – 200 = 536	E
438 + 50 = 488	CH	560 : 80 = 7	A	1000 : 100 = 10	T
70 : 10 = 7	W	800 – 40 = 660	T		
100 · 10 = 100	A	3 · 70 = 210	R		
999 – 333 = 666	U	409 – 8 = 401	G		
360 : 40 = 9	N	725 + 5 = 730	E		
314 – 114 = 201	N	5 · 40 = 200	R		
645 + 132 = 777	D	1000 – 400 = 600	E		

Lösungssatz:

978-3-589-15399-2 | Kistler/Schneider: Rechnen ohne Stolperstein, Band 5B. Illustrationen: Anja Lindemann

Sachaufgaben

An einem Stand beim Schulfest kann man durch ein Plastikrohr Erbsen werfen. Am Ende müssen sie mit einem Holzhammer zerschlagen werden. Die 3. Klasse bereitet den Stand vor und verpackt immer 5 Erbsen. Maria zählt alle Erbsen, es sind 250 Stück. Wie viele Päckchen können die Kinder bereitstellen?

A:

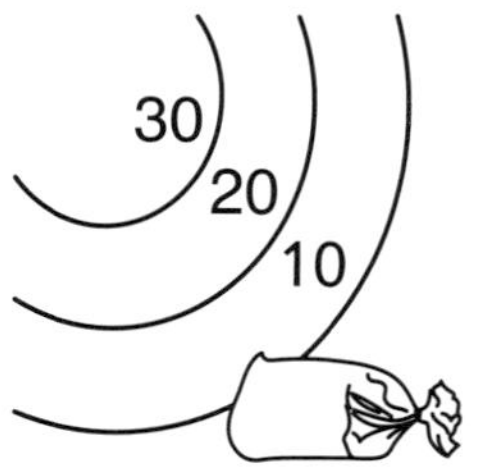

Beim Zielwerfen dürfen die Kinder mit 6 Sandsäckchen werfen. Peter wirft 3 Säckchen in den Ring mit 30 Punkten und 2 Säckchen in den Ring mit 20 Punkten. Einmal wirft er daneben. Wie viele Punkte erreicht Peter?

A:

Für starke Mädchen und Jungs gibt es das Nägelbrett. Hannah kauft für diesen Stand 400 Nägel ein und stellt eine Kühltasche mit Eisbeuteln bereit. Am Ende des Schulfestes wurden zwei Eisbeutel gebraucht und es sind noch 20 Nägel in der Schachtel. Wie viele Nägel sind verbraucht worden?

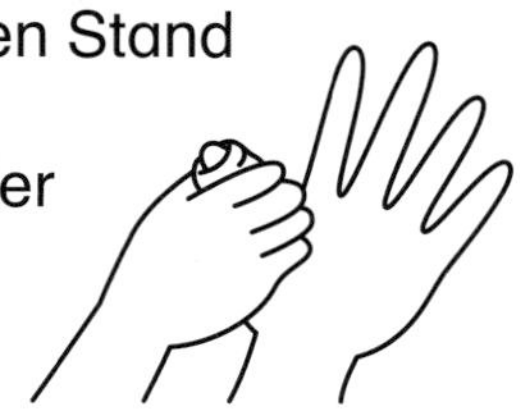

A:

Magdalena findet das Zielwerfen mit Sandsäckchen toll. Leider wirft sie in der ersten Runde daneben. Sie stellt sich noch einmal an und wirft nun mit 7 Säckchen immer ins gleiche Feld. Am Ende hat sie 210 Punkte erreicht. In welchem Feld landeten alle Säckchen?

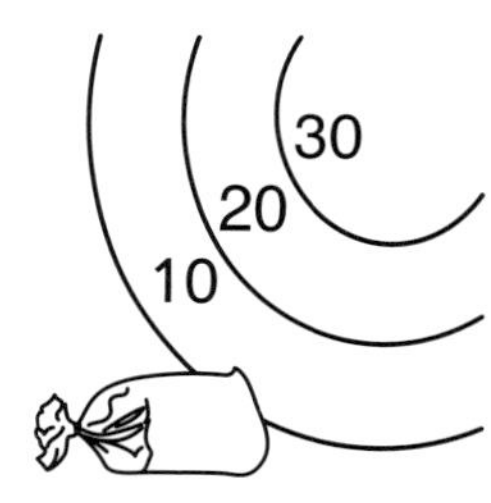

A:

An der Hüpfburg ist viel los. Die Sportlehrerin zählt die Hüpfkinder. In den ersten drei Stunden wollten nacheinander 164 Kinder springen. Als die Hüpfburg nach dem Mittagessen wieder aufgeblasen wird, dürfen noch einmal 122 Kinder hüpfen. Wie viele Kinder waren an diesem Tag in der Hüpfburg?

A:

Johannes liebt das Erbsen-Zerhämmern. Bis zum Ende des Festes hat er sich 5 Päckchen mit jeweils 5 Erbsen besorgt und nacheinander zerschlagen. Wie viele Erbsen ließ er durch die Röhre sausen?

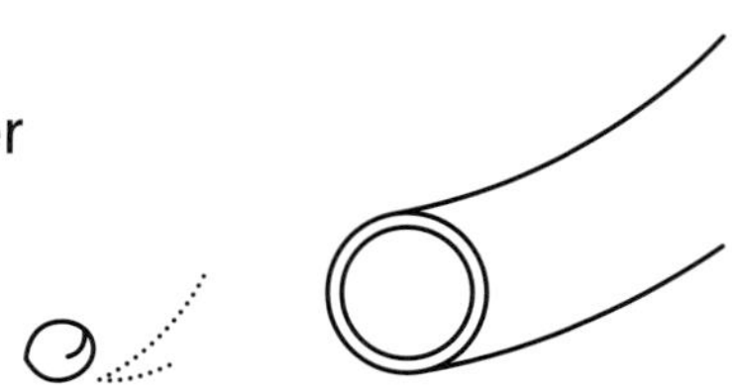

A:

978-3-589-15399-2 | Kistler/Schneider: Rechnen ohne Stolperstein, Band 5B. Illustrationen: Anja Lindemann